PRECISE
EXECUTION

精准执行

余世伟　著

专供版

哈尔滨出版社
HARBIN PUBLISHING HOUSE

图书在版编目（CIP）数据

精准执行：专供版 / 余世伟著.—哈尔滨：哈尔滨出版社，2018.1

ISBN 978-7-5484-3567-9

Ⅰ.①精… Ⅱ.①余… Ⅲ.①企业管理 Ⅳ.①F272

中国版本图书馆CIP数据核字（2017）第169276号

书　　名：精准执行：专供版

作　　者：余世伟　著
责任编辑：韩金华　王　丹
责任审校：李　战
封面设计：里奥设计

出版发行：哈尔滨出版社（Harbin Publishing House）
社　　址：哈尔滨市松北区世坤路738号9号楼　　邮编：150028
经　　销：全国新华书店
印　　刷：哈尔滨市石桥印务有限公司
网　　址：www.hrbcbs.com　　www.mifengniao.com
E-mail：hrbcbs@yeah.net
编辑版权热线：（0451）87900271　87900272
销售热线：（0451）87900202　87900203
邮购热线：4006900345　（0451）87900345　87900256

开　　本：787mm×1092mm　1/16　印张：12.5　字数：160千字
版　　次：2018年1月第1版
印　　次：2018年1月第1次印刷
书　　号：ISBN 978-7-5484-3567-9
定　　价：42.00元

凡购本社图书发现印装错误，请与本社印制部联系调换。
服务热线：（0451）87900278

企业和个人成败的关键

为什么有些人懂得非常多，谈得非常大，却成就非常小？为什么有些人没有过人的天赋，没有强大的背景，没有雄厚的资本，却能成就卓越的事业？

为什么在每一个行业里，有一些企业能成为领军者，有一些企业却难以为继，只好申请破产？为什么有些企业的成功之道看似非常简单，别人却怎么模仿也模仿不来？

为什么同在一个单位里，有些员工能备受老板和领导的青睐，成为组织里的骨干，不可或缺，难以替代，有些员工却为了饭碗问题而忧心忡忡？

相信很多有志之士都曾经思考过这些问题，并且找寻到了无数的答案。笔者为了上述这些问题的答案，曾读过无数书籍，请教过无数有识之士，并且也在实践中不断体会，其中，在拜读台湾最大的出版集团城邦集团CEO何飞鹏的《自慢：从员工到总经理的成长笔记》一书时，自感找到了最终的答案。该书中有这样一段话，从一个侧面揭示了经营之神王永庆和他的台塑集团为什么能成功：

何飞鹏的管理启蒙，也来自许多台湾的企业家，其中包括台塑集团创办人、经营之神王永庆、王永在兄弟。何鹏飞在担任记者时期，就与王永庆有过无数次的深度访谈，台塑集团追根究底的精神和精准的执行力，也就变成何飞鹏一生信奉的管理法则。

有一次，刚学会打高尔夫球的何飞鹏与台塑集团的王永在总经理餐叙。王永在说："何先生，欢迎你到我们的长庚球场打球！"何飞鹏只当这是饭桌上闲话一句，并没当真。几个月后，何飞鹏与朋友去长庚球场打球，他在柜台登记簿上签名，柜台接待员把他的名字输入计算机后，立刻站起来说："何先生，您是我们的贵宾！"台塑集团的精准贯彻，让何飞鹏叹为观止。几个月前饭局上的一句闲话，为何能从组织的最高层，一路落实到最基层，让客户能够感受到意想不到的服务？

于是，精准的执行效率，从此成为他念兹在兹的追求。

从这几段话里我们发现，台塑集团能够成功，是因为集团的管理者有一股追根究底的精神和精准的执行力！

于是结合本文开篇的几个问题，笔者发现，无论是企业还是个人，成败的关键竟然非常简单——是否具备精准的执行力！

满街的咖啡店，唯有星巴克一枝独秀；同是做PC，唯有戴尔独占鳌头；都是做超市，唯有沃尔玛雄居零售业榜首。战略大致雷同，但绩效却大不相同，原因何在？无数专家学者通过研究发现，差别的关键还是在执行上。能够出类拔萃甚至成为一枝独秀的企业，其员工大都具备精准的执行力。

例如，百货业在美国早就是成熟的产业，按照传统观点，那应该是无利可图的产业。然而，沃尔玛的创始人山姆•沃尔顿却通过乡村包围城市的策略，一点一滴地拉大着和竞争者之间的差距。比如，光是超市货物被偷窃的损失，沃尔玛就比竞争者少了一个百分点，这样的成果和3%的净利相比，真是贡献可观，而这就是精准执行和落实到位的具体表现。事实上，沃尔玛的大多数管理手法看起来都很平淡无奇，和绝大多数竞争对手的做法没什么区别，然而沃尔玛又实实在在地创造出了全球最大的百货公司。在过去40多年的时间里，没有任何公司能成功地模仿沃尔玛，虽然它的成功之道看上去是那么简单。为什么呢？原因就是，沃尔玛的员工能够把那些平淡无奇的管理制度精准地、坚持不懈地执行下来！

无数事实启示我们，要想让企业在行业里数一数二，必靠精准执行！要想成就自己的事业，必靠精准执行！要想赢在职场，受到单位领导或企业老板的重用，必靠精准执行！

什么是精准执行？精准执行，就是把施工蓝图变成大厦的努力，就是对计划、目标、规定一丝不苟地贯彻，就是对承诺的义务不折不扣地兑现，就是对制度和工作任务不折不扣地执行。

如果执行不精准，任何缜密的计划、任何完善的措施、任何正确的政策、任何严格的制度，都只是一纸空文。

如果执行不精准，任何创新的思路、任何有效的办法、任何可行的路径，都起不到任何作用，只能是画饼充饥。

如果执行不精准，任何光辉的愿景、任何宏伟的蓝图、任何理想的目标，都只能是水中月、镜中花。

事实上，如今很多企业和员工都知道了执行的重要性，然而，仅有执行还不够，因为**执行有很多种：敷衍塞责是一种执行；半途而废是一种执行；朝着错误的方向，用错误的方式做事，徒劳无功，只有付出，没有回报是一种执行；达到目的，实现既定目标是一种执行；超越期望，得到的比计划的更多，也是一种执行**。精准执行，说的是后两种执行。

企业要赢利和发展，员工要成长和成功，都要依靠精准执行。由于员工是精准执行的主体，所以本书主要是针对员工如何做到精准执行去落笔的。

每一个企业和组织，往往会有三种员工。

第一种是**“杰出型员工”**。他们是企业和组织里的骨干、栋梁，是解决难题的能手，是把每一项工作任务都能精准执行的榜样，是排忧解难的权威，是打开局面的旗手，如果这样的员工流失了，那么短时间内无人能够补缺——这种员工是难以替代的；

第二种是**“合格型员工”**。他们是企业和组织这台大机器上的螺丝钉，是流水线上的一个组成部分，是一台听命行事的复印机，他们能配合杰出型员工执行工作任务，但不一定能精准执行。虽然这样的员工不可缺少，但并不是难以替代的，因为在人力市场上能够替代“合格型员工”的人一抓一大把，即使这样的员工突然流失掉了，用人单位也很快就能找到补缺的人——这种员工是可有可无的人；

第三种是**“淘汰型员工”**。他们是秃了槽的螺丝钉，着墨不均的复印机，次品率太高的生产线，早晚会被淘汰，只是时间问题。对于工作任务，他们或者会寻找借口推卸，或者接受后敷衍了事，或者拖延……总之，他们难以做到精准执行——这种员工是在哪里都容易被遗弃的人。

优秀的标准千差万别，杰出的方式千途万径。有的人以每做一件事情都与众不同而杰出，有的人以千万次重复做一件事无一失误而杰出。而无论是要成为前者还是后者，都必须首先做到精准执行。

拿破仑说得好：“想得好是聪明，计划得好是更聪明，做得好是最聪明又最好！”怎么样才叫做得好呢？精准执行！

愿本书的每一位读者，都能通过精准执行，成为最杰出的自己！成为企业和组织里最不可替代的人！成为社会和国家的栋梁！

精准执行的六个关键

本书以“精准执行”为核心理念，诠释了执行的真谛，指出了精准执行的意义，揭示了执行不精准带来的危害，探寻了执行不精准的根源，并为做到精准执行提供了切实有效的办法，那就是精准执行的六个关键：

（一）明确意义；（二）理解意图；（三）不找借口；
（四）专注细节；（五）超越期望；（六）自主工作。

一、明确意义

无论是企业还是个人，要成功就必须精准执行。要精准执行，就必须首先明确精准执行的意义。为什么要精准执行？因为执行不精准，再科学的计划也是一纸空文，再完善的制度也发挥不出作用！只有精准执行，才是真正的执行，才能圆满完成任务，才有个人和企业的成功！

二、理解意图

执行要精准，理解是前提。身在职场，如果不能很好地理解老板的意图，就相当于盲人走路，不但方向感模糊，而且迟早要碰壁，所有努力都很容易成为无用功，因而也很难得到老板的青睐，从而使你的职场前景暗淡。

三、不找借口

要成功，就必须精准执行；要精准执行，就必须没有任何借口！借口是成功的绊脚石，借口会让你的人生贴上失败的标签。抛开一切借口吧！让我们踏实做事，精准执行，赢得最大的成功！

四、专注细节

想让自己成为具有竞争力的员工，就要在细节上也做到精准执行。其实，精准执行就是把工作任务里所有细节都一个一个地执行准确，执行到位。

五、超越期望

只要通过精准执行，把成绩做出来让老板看到，超越老板的期望，把惊喜送给老板，你就能在职场上站稳脚跟，收获到越来越多的惊喜。

六、自主工作

精准执行，关键要靠你自己。作为职场中人，你想成就最好的自己，登上职业生涯的巅峰，就必须要有自驱力。自驱力是成功的力量源泉，自驱力能让你精准执行。自驱力的要求是：自动自发，为自己工作！

目录 CONTENTS

第一章 职场要赢，精准执行

没有精准执行，一切都是空谈 004

工作要完美，精准执行五步走 009

精准执行，理性当家，少判断，多计算 015

做到精准执行，成为职场达人 021

精准执行，卓越人生 026

第二章 执行要精准，理解是前提

竖直自己的耳朵，理解老板的意图 035

只有不懂事的员工，没有不讲理的老板 041

老板就是上帝，老板改变你的命运 046

听清楚，记下来，不理解的要发问 051

绝对服从，“好用”的员工正当红 056

第三章 没有任何借口，才有精准执行

态度决定工作成就 065

兴趣不能成为执行不精准的借口 071

没有不公平，只有你还没能精准执行 078

工作任务虽有难易，执行绝不挑肥拣瘦 084

功劳重于苦劳，结果最为重要 089

第四章 专注于细节，执行更精准
欲成就大事，先把小事执行精准 097
魔鬼在细节，执行要当心 103
执行到细节上才是精准执行 109
心放大，眼放低，手做小事情 115
专注于细节，细节定成败 121

第五章 超越期望，把惊喜送给老板
要精准执行，就要超越老板的期望 129
百分百不是终点，不断付出才有未来 135
没有最好，只有更好 141
发挥创新力，让执行事半功倍 147
把惊喜送给老板，搭上成功的快车 153

第六章 自动自发，为自己工作
对公司负责就是对自己负责 161
对公司忠诚，是人生最大的保险 166
一心一意，热爱工作 171
激情在心，执行在手 176
为自己工作，你就是企业的主人 182

第一章

职场要赢，精准执行

无论是企业还是个人，要成功就必须精准执行。要精准执行，就必须首先明确精准执行的意义。为什么要精准执行？因为执行不精准，再科学的计划也是一纸空文，再完善的制度也发挥不出作用！只有精准执行，才是真正的执行，才能圆满完成任务，才有个人和企业的成功！

每个职场人士往往都会有两个追求：

一、加薪；二、升职。

前一个是对金钱的追求，后一个是对地位的追求。每一个职场的有志之士往往更看重后一种追求，因为他们明白，有了更高的地位，往往意味着会有更丰厚的回报。

在一家公司里，谁的薪水最多？谁的地位最高？答案也许不是唯一的。但有一个人却两者兼得，薪水高且权力大，那就是公司的CEO。

现代社会是商业社会，成功人士往往拥有很多的财富。那么，让我们来看一看CEO到底能赚多少钱吧。

2006年的一项全球薪资调查，揭开了CEO天价薪水的神秘面纱：

李•雷蒙德，全球最大的石油公司同时也是世界上最赚钱的公司埃克森美孚公司的CEO，他的薪水是4.05亿美元。

鲍伯•纳尔代利，家得宝公司的CEO，他的薪水是2.5亿美元。

弗兰克林•雷恩斯，房利美公司的CEO，他从1998年到2003年一共挣了9000万美元。

裴熙亮，摩根士丹利的CEO，他的离职费加上2004年的薪水，达到了6600万美元。

这些CEO拿到的都是近乎天价的薪水。他们凭什么能拿到千万甚至上亿美元的报酬呢？

答案是，执行！

CEO，是英文Chief Executive Officer的缩写，直译过来就是“首席执行官”，是在一个企业中负责日常经营管理的最高级的管理人员。CEO工作的核心就是执行，他们的天价薪水就来源于执行。

事实上，**成功者都是非常善于执行的，任何一家成功的企业都是具备超强执行力的企业**。

在这个世界上，人之所以有优秀与平庸的不同，是因为优秀者更具有实现构想的能力，这就是一个人的执行力。企业也是如此，一个优秀的企业与其他企业做着同样的事情，却能卓尔不群，只是因为它比别人做得更好，落实得更到位，执行得更有效果。

赢得高位与天价薪水的关键在于执行。一名职场人士，要想在职场中获得成功，就要会执行，有执行力。

对企业来说，执行力是指贯彻战略意图，完成预定目标的操作能力，是把企业战略、规划转化成为效益、成果的关键。对个人来说，执行力就是指把要做的事情完成的能力。

执行力包括完成任务的意愿，完成任务的能力，完成任务的程度三个方面。

仅有执行还不够！执行有很多种：敷衍是一种执行；半途而废是一种执行；朝着错误的方向，用错误的方式做事，徒劳无功，只有付出，没有回报是一种执行；达到目的，实现既定目的是一种执行；超越期望，得到的比计划的更多，也是一种执行。

那么，什么才是好的执行？如何才能通过执行赢得成功呢？显而易见，我们都会追求达到目的甚至超越期望，得到的比计划的更多的执行，这也就是本书的主题：精准执行！

作为一名员工，如果能精准执行，就能实现自己的梦想：

加薪，得到更多的薪水！

升职，获得更高的地位！

欲赢在职场，先精准执行。

如果精准执行，就能在职场中如鱼游大海般挥洒自如，左右逢源。

如果精准执行，就能赢在职场，赢得成功，赢得人生。

职场要赢，精准执行！这是职业成功的金科玉律，也是人生成功的第一定律。

没有精准执行，一切都是空谈

没有执行，就没有结果；没有执行，目标只是空谈。一个人的能力只能通过执行来体现，通过执行的结果来展现，通过创造价值和利润来证明。职场赢在精准执行，能力体现于精准执行。通过精准执行，你才能在职场上获得最大成功，创造人生的卓越！

在职场上，绝大多数人也许都想知道下面两个问题的答案：

怎样才能在职场上取得成功？如何才能赢得老板的青睐？

可能不同的人会得出不同的答案，下面是一些普遍的看法：

（1）要努力，因为只有努力才有收获；

（2）要圆滑，要搞好职场的人际关系，要和同事打成一片；

（3）要讨好老板和主管，领导喜欢你，你就更容易成功；

……

也许这些都是正确的答案，然而，这些答案都不完全正确，都有偏差。那么什么才是终极答案呢？是执行！

前文提到的那些CEO获得天价薪水的诀窍是执行，其实你要赢在职场，诀窍也是执行。为什么执行如此重要？因为**执行是连接目标与结果之间最重要、最关键的一环，没有执行，就没有结果，没有执行，目标只是空谈。**

对于企业来说，没有执行，就没有利润，没有利润，企业就无法生存。经济学家指出，成功的企业，20%靠战略，60%靠执行力，其余的是运气等因素。同类的企业，同样的战略，具备强大执行力的企业往往更能突围而出，独占鳌头。

企业的成功和利润建立在执行上，而执行归根到底要靠员工具体去落实。如果员工的执行能力不足，执行得不够精准，企业就很难收获既定利润，员工的处境也将岌岌可危。员工执行得好，企业才有利润，员工的工资才有可能提高，福利待遇才能更好，前途才能更光明。换言之，企业和员工都在同一条船上，想要乘风破浪，创造辉煌，唯有执行，精准地执行。

通过执行，体现能力

每一个身处职场的员工，要想成为职场赢家，就要有执行的能力，有胜任工作的能力，把能力体现在执行上，做出成果，把能力证明出来。

有的人习惯把自己吹得天花乱坠，说自己能干这个，能做那个，有多么了不起。也许，这些话能够暂时迷惑住一些人，但毕竟不是真金，很难通过烈火的锤炼。

要知道，真金不是用嘴巴说出来的，是要用烈火来检验的。同样，一个人的能力要体现在执行上，体现在执行的结果上，因为经过执行和结果的验证，才能算是真正具备了能力。如果能力只停留在嘴上或者简历上，这样的能力只能打上引号，因为这是伪能力，等于没有能力。

在企业里，一个人的能力只能通过执行来体现，通过执行的结果来展现，通过创造价值和利润来证明。当他的能力展现出来后，他在职场的前途将不可限量，因为他把能力量化了，所以让老板看得见，从而知道如何去重用他。

1963年，一个年轻人在获得明尼苏达大学化学工程博士学位后，进入了一家石油公司，担任产品研究工程师。他是一个精于执行的年轻人，以控制成本和创造利润为目标，在该公司逐步发展。

1977年，他主持削减了公司一家炼油厂的成本。两年后，该炼油厂从每月损失1000万美元转为每月赢利250万美元。

由于成绩卓越，在1983年时，他坐上了公司二把手的位置，主要负责公司的多元化业务，从太阳能到计算机合成电路，他在这些业务上看不到赢利指标，于是便当机立断，停止了这些业务，为公司节省了大量的开支。1987年，他开始担任公司总裁，到1993年，他成为了公司的CEO。

此时，他已经是一位卓有成效的执行大师，是行业公认的成本控制专家。每当他看到有控制成本的可能时，他就会毫不犹豫地执行。

1999年，他的公司并购了另一家石油公司，他开始担任新公司的董事长兼CEO。在他的有效执行下，原油成本从1980年的每桶4美元下降到了64美分，使得公司内部成本因此削减了46亿美元，总体下来节省了约70亿美元。

合并后第一年，他又看到了可节约的空间。于是，他大刀阔斧地开始裁员，使公司员工从11.8万人减少到9.4万人，公司各项支出费用因此总共减少了28亿美元。当年，公司便实现了赢利111.79亿美元，成为有史以来世界上最赚钱的石油公司。

2002年，在他的领导下，每桶原油成本降至61美分，创造了公司有史以来的最低成本。该公司的资本回报率也达到了10年以来的最高值——14.7%。所罗门兄弟公司的分析师说："这种回报率是其他公司数年来一直可望而不可即的。"

2003年，公司利润达到了215亿美元，成为了当年世界上最赚钱的公司。

就这样，他令一家保守行业的超级公司的股息连续21年不断攀升，并成为了世界上最赚钱的机器。在他执掌公司的10年间，他的公司从来没有停止过高速增长，股票的收益率达到了惊人的411%，而标准普尔500的公司只有252%。

他就是埃克森美孚的前总裁李·雷蒙德，在2005年退休的时候，他获得的报酬是4.05亿美元，包括2005年薪水、价值约1.8亿美元的股份、1800万美元的薪金和花红、一次付清的约8900万美元的养老金、一次性退休金和历次赠予的期权的当前价值。据统计，在1993至2005年间，他的薪金总和超过了6.3亿美元。他的薪水算是天价薪水了，可即便如此，埃克森美孚公司的一位股东在公司年会上还宣称，雷蒙德应该得到更多的收入，其他股东也对他的退休表示了惋惜，他们说："现在的情况就好像乔丹离开了芝加哥公牛队一样。"

这是一位真正赢在职场，赢在执行的人，他把自己的能力全都体现在了执行上，公司成本动辄节约几十亿美元，利润达到上百亿美元，这些庞大的天文数字就是他的功劳，是他能力的真实体现，而这一切，都是通过执行做到的。从一个普通的工程师，到公司高级管理者，再到最高级管理者，薪金上亿美元，他成为了真正的打工皇帝。

精准执行，才有前景

你羡慕那上亿美元的薪金吗？你希望自己也拥有这样的待遇吗？如何能把自己的几千元的月薪变成几万、几十万、几百万甚至几千万、几亿呢？要靠执行，而且是精准执行！

执行了不一定有好结果，只有精准执行，才会有好结果，才算是有能力，才算是对企业有用的人才，才是不可替代的人才，因为精准执行的能力，就等于业绩、等于利润。这样的人才，是企业发展的根本保障，没有一个企业会拒绝重用。

执行能力和员工的薪水、能力、地位都是直接挂钩的。有的人很有能力，但能力不能体现在执行上，或者执行得不够精准，甚至执行得偏差太远，那么不管过去的名气有多大，曾经的成绩有多好，履历表填得有多么丰富，都只有被解雇的一条路。

1986年，汤美娟毕业于香港大学，大学期间主修经济学和管理学。1996年她成为了安达信公司中国金融企业的主管合伙人，2000年她加盟中国平安保险公司任财务主管，2003升至首席运营官。但是，两个星期后，汤美娟就被免职，离开了平安保险公司。

汤美娟的履历可谓丰富，能力有目共睹。在加盟平安保险公司后，她也做出了很大的业绩。在汇丰控股收购平安保险股权的过程中，作为平安保险公司谈判小组的首席代表，她写下了自己职业生涯中很华丽的一笔：历时9个月的谈判，汇丰控股以6亿美元的价格购买了平安保险公司10%的股权。

在平安保险公司做出过如此大的丰功伟绩，为什么担任首席运营官仅仅两个星期就被免职了呢？原来，在担任首席运营官时，她没有把自己的能力体现在执行上，没有把老板的意图和战略执行到位，所以才会被免职。

在离开平安保险公司后，汤美娟加盟了TOM，担任了CFO一职。由此可见，汤美娟是具有超强的个人能力的，她离开平安保险公司，是因为没有把自己的卓越能力体现在执行上，或者说，她的执行结果不能让老板满意，老板并没有在她担任首席运营官期间看到她所执行出来的相应的能力。

能力要体现在执行上，要精准执行，才能成为职场中的成功者。如果不能精准执行，实现老板的意图，即使是汤美娟这样优秀的人也有可能会被免职！

把能力体现在精准执行上吧！切记，职场赢在精准执行，能力体现于精准执行。只有通过精准执行，你才能赢得职场中的最大成功，创造人生的卓越！

工作要完美，精准执行五步走

要使工作尽可能地完成得完美，要真正做到精准执行，就必须五步走：理解，有做，完成，做好，超越期望。

何飞鹏在其著作中写道：“为什么做完了所有的事，却达不成原来期待的目标，结果和自己的想象不一样呢？仔细拆解工作的四个层次：有做、做完、做对、做好，就不难找到问题的症结。”

事实上，有做、做完、做对和做好就是执行工作的四个层次。那么，要精准执行，是不是做好这四个层次就足够了？实践证明，仅有这四个层次还不够，要使工作尽可能地完成得完美，要真正做到精准执行，就必须五步走：理解，有做，完成，做好，超越期望。

按照这五个步骤，一步一步地执行，就能做到精准执行。

精准执行第一步：理解

精准执行的第一步是理解，为什么要理解呢？ 当你要去执行一个工作，完成一项任务或者达成一项指标时，你首先需要把这个工作了解清楚，把这个任务分析清楚，把这个指标量化，这就是理解。没有理解，就没有精准执行。试想，如果你不知道将要做的工作是什么，都包括什么工序、什么流程，你将如何执行，如何执行精准？理解对于精准执行的重要性，就好比夜间航海时灯塔对于航船的重要性一样。

在职场中，员工的工作任务通常由老板指派，所以，要理解，就要求我们去明白老板的意图，知道老板是什么意思，老板想让你做到什么程度，老板给你多少期限，老板给你多少预算，等等。如果把你的老板比作饭店里的客人，把你比作饭店里的厨师，老板去你的饭店吃饭，他点了一份牛排，指明要七分熟，你却做成八分熟，或者三分熟，做成八分熟说明你努力过头了，吃力不讨好，做成三分熟说明你努力不够，很可能会得到老板的一顿臭骂。理解不好，你在执行中就会像无头苍蝇一样，到处碰壁，结果只能是职场前景暗淡。

精准执行第二步：有做

要精准执行，就要付出行动。如果不去行动，理解得再好也是空谈。如果只想不做，像罗丹那个著名的雕塑思想者那样，总在想，却一动不动，就没有执行了，更不要说精准执行。在执行中，一定要有做，否则，一直停留在想的层面，就什么业绩也做不出来。没有业绩，结果只能是失业。

在执行中，想是必要的，不能只做不想，但也不能只想不做，应该把两者结合起来，在做的过程中，进行适当的思考，使执行更容易达到精准的要求。

如果一直停留在想的层面，犹豫着要不要做，不但浪费了时间，而且不会有任何结果，不会有任何执行。例如，清理办公室的垃圾，其实是很简单的一件事，几分钟就可以完成，但如果没有去做，一直停留在犹豫阶段，心中想着：到底要不要去倒垃圾呢？就这样犹豫着，也许好几天都不会有执行，但如果有做，也许几分钟就能完成。

工作并不都是很复杂很难的，有很多事情其实很简单，只需要你有做，有做就能做好，就像随手关门、倒垃圾、下班关灯关窗户一样简单。事实上，复杂的工作也是由无数件很简单的小事组成的，只要有做，就能精准执行，使组成复杂工作的一件件事情都顺利完成，从而使看上去很复杂的工作目标最终圆满达成。

精准执行第三步：完成

做，就要做完。做事情，就要有头有尾，不能虎头蛇尾。执行，需要有做，更需要做完。99度的水不叫开水，100度才叫开水，这中间只差了一度，但缺了这小小的一度，就是没有完成！

1952年7月4日清晨，在加利福尼亚海岸以西34千米的卡塔林纳岛上，一位34岁的女士涉水到太平洋中，开始向加州海岸游过去。如果获得成功，她将是第一个游过这个海峡的女性。

她克服了诸多困难，在冰冷的海水中游了15小时30分钟后，却选择了放弃。其实，她放弃的地方距离对岸只有800多米，只是那天有大雾，她没有看见。

只差800米，她没有完成目标，从而使前面15小时30分钟在冰冷海水中拼搏奋斗所做的努力都付诸东流了。

不过，在吸取了这次教训的两个月后，她终于成功地游过了这个海峡。这位女士名叫费罗伦斯·查德威克，她不但是第一位游过卡塔林纳海峡的女性，而且比男子的纪录还快了大约两个小时。

两个月的时间说长不长说短不短，在两个月时间里会发生很多事情，如果在这两个月时间里有另外一位女性完成了此壮举，游过了卡塔林纳海峡，那么这个纪录完全会写上别人的名字！而查德威克的所有准备、所有训练、所有付出，以及在冰冷海水里15小时的拼搏都会成为无用功！

这就是完成的重要性，它更适用于职场工作中。执行工作绝不能虎头蛇尾，一定要有始有终，保证完成任务，否则一切都会白费，所有付出和努力都可能会被公司和老板忽略不计。

精准执行第四步：做好

什么叫做好？做好是做对，不仅仅是完成而已！做好是圆满地达成预期的目标。

例如，想要出版一本杂志，就要有前期的市场调查，有编辑写稿，有摄影师拍照片，有排版校对，然后经过印刷，杂志终于做出来了，这叫作有做，而且完成了。可是杂志一上市，读者不买账，杂志卖得很不好，这能叫做好、做对吗？不能！

所以，在职场工作，执行任务的时候，一定不能仅仅是完成，一定要做好，做好才能有好效果。

要做好，执行者就不能以最低的标准要求自己，而应该以最高标准要求自己，把工作完成得尽可能完美。

如果以最低标准要求自己，执行就会像是在应付了事，从而很难把事情做出色。更重要的是，一个做事情应付了事的员工，是不可能在职场上赢得成功的。

其实，老板最讨厌的就是只知道应付了事的员工，因为这些人只知道早上准时上班，晚上准时下班，工作上的事情尽量敷衍，不求有建树，只求无过错。殊不知，这样的人因为没有精准执行，所以没有利润，只有负产出，最终的命运只能是被解雇。

任何欲在职场中成就自己的人，都应该对工作精益求精，对自己严格要求，对执行精准到位。

做好，就是高质量地完成工作任务！精准执行的基本要求就是做好，这个做好是指保质保量地完成，既要有质，也要有量。量通常是指完成，质指的则是做好，两者缺一不可。

精准执行第五步：超越期望

超越期望，这是精准执行的最后一步，也是最重要的一步。如果把前四步比喻成走路，那么第五步就是飞翔，是飞跃！做到超越期望，令老板惊喜，主管满意，你就能加薪升职，就能脱颖而出，赢在职场！

有一家外贸公司的老板要去美国谈判，且要在一个国际性的商务会议上发表演说。他给身边的几名要员分配任务：甲负责草拟演讲稿，乙负责拟订谈判方案。根据老板的指示，乙的任务相对简单，只要拟定几个简单的谈判方案就好；甲的工作稍微有点儿难度，因为要用英文撰写，而且由于老板要在国际会议上演讲，所以容不得有半点儿差错。

因为时间很紧迫，甲熬夜工作，实在熬不住了，就睡了四个小时，加上他以为老板英文很好，不会在飞机上研究演讲稿，所以没有把文件打印好。没想到老板另有安排，决定利用在飞机上的时间，与同行的外籍顾问研究一下自己的报告和数据。老板催要演讲稿的时候，却发现稿件还没有打印出来，便大为不满！

到了美国后，马上就要谈判了，老板与公司要员一同讨论了乙的谈判方案。这个老板做事很随性子，不是很有规划，而且对方是国际大公司，谈判成功的可能性微乎其微，所以他在心里随便想了几个方案，对乙的谈判方案并没有什么期望，没想到，乙的谈判方案报告让他惊喜不已。

乙撰写的谈判方案报告既全面又有针对性，不但有谈判对手的详尽的背景调查，还有很多难能可贵的内幕消息，并列举了谈判中可能发生的问题以及应对的策略，甚至连如何选择谈判地点等很多细致的因素也提供了出来，以供参考。

乙的这份谈判方案报告大大超出了老板的期望，公司的高管也都大为赞叹，因为他们还没见过如此完备又有针对性的方案。

这份详尽优秀的谈判方案报告，帮助老板在谈判中峰回路转，令本来没有什么希望的谈判柳暗花明，最终双方签署了近千万美元的合同，使老板拿到了一份大订单。老板原来预想的是，即使谈判成功，也最多能拿到300万美元左右的订单。

后来，甲被降职，乙则连升三级，成了公司高层管理人员。

超越老板的期望，是精准执行的最高标准。如果你能在执行工作任务时超越老板的期望，让老板惊喜连连，老板也会让你获得惊喜的回报。

精准执行，理性当家，少判断，多计算

精准执行，需要理性当家。在职场中，一切都赢在执行，如果不能做到精准执行，让那些模糊的判断决定自己的执行，就很可能会失之毫厘，谬以千里，与目标背道而驰。

很多时候，粗略地判断后就仓促地去执行，往往容易吃大亏。

有的人喜欢意气用事，自己想怎么做就怎么做，或者做事情喜欢判断，认为只要得到一个大概的结果就可以，殊不知，判断得到的结果很可能会是“大概”“大致”显得很模糊，不精确。而这些都是执行中的大忌。

每个人每一天都在做决定，很多人在做决定时往往靠感觉、靠直觉、靠经验、靠判断，这些都不够精确，这样的决定有些盲目，是碰运气，和这些决定联系的很可能是死胡同，是陷阱，是失败，是亏损，是得不偿失！

在职场中，一切都赢在执行，如果不能做到精准执行，让那些模糊的判断决定自己的执行，就很可能会失之毫厘，缪以千里，与目标背道而驰。

精准执行，需要理性当家。理性当家就要求你的决定是靠计算得出来的，是靠科学精确的数据得出的。很多时候，正确的精准的决定依据应该是数据，是图表，是经过计算、分析和考证得出的。

粗略判断，感性当家，往往会吃大亏

我们不妨先看看下面两个故事。

第一个故事叫“棋格放麦子”。

在古印度，有个大臣叫作锡塔，他发明了一种棋，也就是后来的国际象棋。

锡塔发明国际象棋的事情被国王知道了。国王便命令锡塔为自己制作一副国际象棋——国王是个贪玩的人。

国王玩了后，十分喜欢，几乎到了百玩不厌的程度。为了感谢锡塔给他带来的极大的乐趣，国王决定重赏锡塔。

国王对锡塔说：“你选一个赏赐吧，我身为国王，一定会满足你提出的任何要求。”

锡塔聪明过人，他想到国王的吝啬和挨饿的百姓，一转眼就想到了办法，他说：“陛下，我只要一点儿麦子。”

“麦子？”国王很惊讶，“你不要金银珠宝和美丽的姑娘，就只要点儿麦子？”

锡塔笑了笑，镇定地说：“是的，陛下，我不要珠宝和美女，只要麦子，不过我有一个小小的要求，请您让人将麦子放在棋盘的六十四个格子内，第一格放一粒，第二格放两粒，第三格放四粒，第四格放八粒，第五格放十六粒……照这样放下去，每格比前一格多放一倍麦粒，直到把六十四个棋格放满就行了。”

国王的算术一塌糊涂，他判断了一下，心想：这能用得了多少麦子呀！一斗麦子绰绰有余，于是国王再次问锡塔：“这真是你想要的赏赐？”

“是的，陛下。”锡塔肯定地点了点头。

国王开心极了，说：“你真是我的好臣子。”说完便慷慨地让仆人拿麦子来奖赏锡塔。

很快，几麻袋麦子数光了，棋盘还远远没有填完。仆人报告国王后，国王大致判断一下，还没有意识到问题的严重性，只是挥挥手对仆人说：“明天继续数吧。”

国王估计的结果是：谷仓里的麦子多着呢，填完六十四个棋格实在是小意思。

但是，接下来的情况和国王的估计相去甚远，一连三天，仆人数出的麦子远远没有填满棋盘上的格子。

这时，管粮食的大臣来晋见国王。他上气不接下气，喘着粗气对国王说："陛下，您不能赏给锡塔那么多麦子……"

已经三天了，国王看到锡塔的赏赐还没领完，心里也感到有些奇怪，于是问道："这是怎么一回事？"

管粮食的大臣解释说："我得知这件事后，精确地计算了一下，即便把全国所有粮食都给锡塔，也还离他应得的赏赐差得很远啊，陛下！"

国王这才明白过来，不由得后悔自己当初为什么没有精确地计算一下。这都是判断惹的祸，这答应过的奖赏总不能不给吧，可又给不出这么多，怎么办呢？

想到这里，国王顿时像热锅上的蚂蚁，手足无措，恨不得打自己两个耳光！

第二个故事叫"谷穗当工钱"。

从前，有个抠门的员外，虽然有很多很多的钱，但他为人却非常吝啬。例如，他雇长工种地时，经常把工钱压得很低很低，所以每年开春后，他总请不到长工。

有个人很聪明，他决定利用员外的抠门好好地整一整他，所以就主动找上门去要给员外当长工。

见到员外，这个人就开门见山地说："工钱我可以一分钱都不要，但必须让我吃饱穿暖，并且到收割时让我选一穗最长、最好的谷穗。"

员外一听，不禁喜出望外："雇这个长工太省钱了！"于是他赶紧答应："行！两穗三穗都行。"

但长工说："一穗就够了，用它做种子，再借点田给我，一年一年，把种得的谷子再种下去，你只要包田够我种就行了。"

员外在心里粗略地判断，一穗谷能用多少田？比起工钱来便宜多了，于是员外很快和长工签订了契约。

收割时节到了，长工选了一穗谷，搓下来足有三把谷粒。按照契约，在第二年开春的时候，长工得到了一块四角地种谷子，收割的时候他收了三捆谷子。第三年长工有了一亩田种谷子，收割的时候他收了3担谷子。

到了第四年开春，长工对员外说："今年我有3担谷种，少说也要10亩地才够种。"

员外惊慌失措了："我这总共才多少地啊？不出几年，我的地全都被你用来种粮食了！"于是，员外想耍赖，准备付点工钱便把长工打发走。

长工对此早有准备，只见他不紧不慢地亮出契约，对员外说："这个契约上白纸黑字写得清清楚楚，谁反悔，就要被加倍处罚。你现在悔约，就得把工钱加一倍，不然我就去告官，我有理走遍天下，怎么都不怕。"

面对理直气壮的长工，员外只好加倍付给了长工工钱，但心里的痛就像割掉了身上的肉一样难受。

这两个故事给我们讲了这样一个道理：粗略判断，感性当家，往往会吃大亏！

感性是冲动，冲动是魔鬼，所以让感性做主是愚蠢的，是不理智的。

判断是本能，判断是条件反射，判断是碰运气，判断是盲目，判断是迷信的直觉，判断是经验的陷阱，判断是无知的坟墓，判断是自掘坟墓。

计算是科学，计算是理性，计算是严密的推论，经过计算，经过精确对于利弊得失的计算，决定才能可靠和准确。

"慷慨"的国王和"精明"的员外都是因粗略判断而吃大亏的代表。

而第一个故事中的锡塔和第二个故事中的长工在做出决定之前，都是经过计算的，他们执行计划的结果也是精准的，他们做到了精准执行，所以收获巨大。

少判断，多计算，让精确的数据为职场前途保驾护航

那么，如何在职场工作中做到理性当家呢？

上面的故事已经给出了答案，就是少判断，多计算。但说起来容易，做起来难，怎样才能保证计算得出的数据正确呢？这需要一套严格的量化程序。

这个量化程序就像数学里面的函数表达式一样，你要的结果是函数，影响结果的各种因素是变量，加上各种参数，得出的数据才是你要的，这是把思考和判断量化的手段。这样的量化程序应该包括以下四个步骤：

（1）尽可能多地搜集相关资料和情报，越多越详尽越好；

（2）找出关键性的重要变量；

（3）就这些关键性的变量，进行试算，以形成几个不同可能、不同结果的方案；

（4）基于以上做决定。

这样做决定，犯错的概率会大大减少。

高明的商人在动手做一单生意之前，都会做一个计算，看看自己要投入多少钱，最多能赚多少钱，等计算完毕，心里有了数，才会开始执行。

我们来看富豪霍英东是怎么做的。霍英东在20世纪50年代开始涉足房地产，并在很短的时间里建立起了一个庞大的商业帝国，涉足航运、建筑、酒店、淘沙、百货和石油等业务，产业遍布海内外，在2004年，他以14亿美元的身家荣登福布斯全球富豪榜。

霍英东做生意的方式别具一格，很有特点，别人在做生意前都是先算利润，但霍英东每次都是做最坏的打算，先计算自己会亏损多少，然后再计算利润。他这样做，充分考虑了一单生意的各种变故，不管结果怎么变化，一切都在预料之内，所以在危机到来时才不会措手不及。

霍英东的做法和精准执行的思路是一致的，他做生意的方式很稳健，其关键原因就在于他精于计算，把影响生意的变量的变动范围都考虑在内了，所以他才能像诸葛亮一般，运筹帷幄之中，决胜千里之外。这也是他能成为超级富豪的主要原因之一。

总之，职场复杂，商机变幻莫测，在具体执行的时候，应该避免冲动，拒绝感性，让理性和理智做主，少判断，多计算，让精确的数据为职场前途保驾护航，才是执行之道，才是赢家之道！

做到精准执行，成为职场达人

职场达人是团队里执行力的最佳代表。职场达人做事情能够注重效能，事半功倍。职场达人善于精准执行，经常超越期望，给老板惊喜。所以，职场达人深受老板器重、同事爱戴，在企业里如鱼得水。想成为职场达人吗？做到精准执行，你就是职场达人！

什么叫职场达人？职场达人是职场精英，收入较高。职场达人在企业里如鱼得水，占有天时地利人和。职场达人深受老板的器重，是骨干和栋梁。职场达人深受同事的爱戴，不但业绩突出，还很善于结交朋友，帮助同事。职场达人是团队里执行力的最佳代表。职场达人做事情能够注重效能，事半功倍。职场达人善于精准执行，经常超越期望，给老板惊喜。

你想成为职场达人俱乐部中的一员吗？做到精准执行，你就是职场达人！

有的人虽然羡慕职场达人，却认为自己成不了职场达人，觉得自己的能力不够，或者认为老板对自己有偏见，或者是其他原因，从而停止了自己在职场前进的步伐。其实，这些全是自己找的借口。归根结底，能否成为职场达人，关键在于能否精准执行！

东北有一家国有企业，因为经营不善破产，被一家日本财团收购了。厂里的工人对此欢呼雀跃，在他们看来，企业的破产是由于管理办法、企业制度和技术落后，现在可好了，日本财团注资收购，肯定能带来先进的管理方法和技术，因为日本企业在管理和技术方面是世界闻名的。

日本人来了，但只来了几个管理者。接下来，除了厂子里多了几个日本人之外，其他什么都没有变，制度没有变，机器设备没有变，技术没有变，甚至连原来工厂的领导班子都没有较大的更换。原来，日方只提出了一个要求：把原来企业制定的制度坚定不移地精准地执行下去。

起初厂里的工人还有怀疑，可一年后，企业就扭亏为盈了。

企业破产不是因为管理办法，不是因为技术设备，也不是因为领导班子，而是因为没有坚定地执行，没有精准地执行。

要成为职场达人，同样需要有日本人要求的这股子精准执行的精神和行动。

如果你能做到精准执行，你就能用很短的时间积累自己的实力，进而赢得自己在职场上的成功。

罗佩萍是新百伦全球总公司的执行董事，公司里最年轻的最高决策层成员，全球分公司唯一的女性总经理，一个年轻的美女富豪。为什么她能够取得如此成就？靠祖荫？靠走偏门？都不是！她靠的是精准执行的能力。

罗佩萍出生在台湾，在17岁那年她背上行李，独自去美国念书。

到美国后，她在一所大学学国际贸易。完成学业之后，她去了一家贸易公司，当了一名业务员，在那家公司里，业务员是最底层的员工。

虽然做的是最底层的工作，罗佩萍依然做得非常出色。在该职位上，她花了3年时间去了解和熟悉了贸易的整个流程。

她在工作上非常用心，从来不会粗枝大叶。工作时，除了手头的事务，她还会时常留意进出手中的衣服和鞋子。就在这个过程中，她发现了商机：她发现有个牌子的运动鞋非常好穿，虽然卖得不多，但销量稳定，于是她想，这款鞋子如果在台湾卖，一定能卖得很不错。她看上的鞋子品牌就是新百伦。

很多人都习惯于等待机会，但罗佩萍不这样做，她知道机会不是等来的，是主动争取来的。她看了看当时的台湾市场，发现没有人代理新百伦品牌的鞋子，她知道机会来了。

罗佩萍没有犹豫，毅然跳槽，带着两个帮手离开了原来的公司，自己成立了一家公司。所有一切都是那么快速，一点儿都不拖泥带水。

接下来就是争取台湾代理权的问题了。那一年，罗佩萍只不过是个20多岁的小姑娘，没有钱，没有名气，也没有足够的人手——她的公司加上她自己一共才三个人，而新百伦是当时全美国第二大运动品牌，一家三个人的小公司要争取到全美第二大运动品牌整个台湾地区的代理权，似乎有点异想天开，痴人说梦。

但罗佩萍并不理会这些，她一旦决定要争取到新百伦在台湾的代理权，就会迎难而上，决不放弃。于是，她开始执行了。

罗佩萍一个人去新百伦在美国的大本营，要求谈判。以她当时的条件，根本就没人理她，可罗佩萍不管这些，不谈判她就不走，最后，一位主管觉得这个小姑娘单枪匹马过来说要做全台湾的代理商，很有意思，就同意和她谈谈，但只谈20分钟。

双方开始谈判。罗佩萍把新百伦鞋子的历史、现实和未来说得头头是道，简直对新百伦了如指掌。于是，预先商量好的20分钟变成了6小时，罗佩萍成功了，她拿下了新百伦在全台湾的代理权。

她执行的结果可以用奇迹来形容，但她执行的都是她预先计划好的，她用精准执行，赢得了谈判的胜利，达成了自己此行的目标。

新百伦由于独家研发出能有效吸收99%的地面反作用力的高吸震垫，受到多国元首及各界精英人士的青睐，享有“总统的慢跑鞋”之美誉，名气很大，可是在当时的台湾，还没几个人知道新百伦的鞋子。于是，罗佩萍不得不背着鞋子去商场挨家挨户敲门，用这样的方式开拓新百伦台湾的市场。

因为鞋子很贵，所以罗佩萍常常被人拒绝，就在不断的拒绝声中，罗佩萍和她的助手开始打天下，没有搬运工，她自己动手；同楼的邻居反对她搬货物占用电梯，她就想法避开邻居，比邻居早几个小时起床，晚几个小时睡觉。

三年后，罗佩萍的努力执行终于有了结果，小办公室变成了办公楼，原来的3个人发展成300人。而且，无数的订单也让她的公司一举成为了在台湾销售量第二名的运动用品公司。

“New Balance，balance your life！”（新百伦，平衡你生活！）

罗佩萍总是把这句话放在嘴边。其实，我们也可以把这句话改成：

Precise execution，balance your life！（精准执行，平衡你生活。）

做到了精准执行，你就不会一味地浸泡在职场的失败中了，成功的天平就会向你倾斜，就像上面故事中的美女富翁罗佩萍一样！

罗佩萍是一个真正的职场达人，因为她真正做到了精准执行！

她要取得新百伦在台湾的代理权，通过精准执行，她得到了。

她想在台湾卖新百伦的鞋子，通过精准执行，她成功了，新百伦成了全台湾销量第二的运动品牌。

年轻、美丽、富有，集总经理和公司执行董事于一身，罗佩萍是真正的职场达人。

在这个社会上，还有很多这样懂得精准执行的职场达人：

付文丽，年轻、美丽，学习计算机编程出身，曾经是一名计算机教师，1995年进入北京地产界，2001年加盟天地控股。刚进公司她便出手不凡，投入市场的第一个项目银网中心，由于准确定位和抢准推出时间，租售率超过99%，被业界公认为中关村写字楼开发的经典之作，由于执行出色，业绩突出，她现在担任天地控股有限公司总裁。

胡敏珊，名媛、女强人、慈善家、香梦地集团总裁，她令Technomarine钻石腕表在亚洲的销量一夜间超过数百万，她令Philip Stein TESLAR健康腕表在香港本土的销售额上亿。

海伦·纪，27岁，美国好莱坞国际电影节中国区首席代表、“古模”概念创始人、美国文化教育类最高成就奖“金钥匙”奖最年轻的获得者，成功发起“万件海外流失国宝回归”活动，集众多荣誉与光环于一身。

张嘉蓉，29岁，上海东方魅力集团副总裁，涉足餐饮、娱乐、服装和传媒。

达贝妮，80后财富美女，Pcpie视频搜索引擎CEO。在大学时，达贝妮用妈妈给的4万元，买了莘庄一套12万元的房子，三个月后抛出赚了十几万元。在短短的三年时间里，投资楼市赚到了4000多万，随后她用2000万炒英国的股指期货，在三个月的时间里，2000万变成了4000万。

看到这些年轻并具有财富和权力的职场达人的故事，你羡慕吗？

如果想成为其中的一员，成为职场达人，你需要马上行动，做到精准执行！

精准执行，卓越人生

精准执行，就是把事情做到登峰造极，只有这样，人生才能卓越。正因为比尔·盖茨拥有了精准的执行力，所以，他的事业比别人更早起步，人生也更成功、更卓越。

世界上有数不清的财富传奇。在计算机时代，有一个人的财富传奇无疑最值得关注。这个人，高高地矗立在所有成功的最顶端，他使个人计算机成了日常生活用品，并因而改变了每个现代人的工作、生活乃至交往的方式。有人说，他对软件的贡献，就像爱迪生之于灯泡。

这个人，被认为是财富的巨人，是成功的代名词，他曾连续多年被评为世界首富，他是世界上最有钱的人，他一秒能赚67.5美元，一天能赚583.2万美元，一年能赚21.3亿美元，他叫作比尔·盖茨。他一手创建的微软是为个人计算机和商业计算机提供软件、服务和因特网技术的世界范围内的领导者。

为什么他能站在如此成功的高度？为什么他能够取得如此巨大的财富？这一切都来自他对事业的精准执行。因为精准执行，他有了精确的卓越的人生。

精准执行，就是把事情做到登峰造极

上大学的时候，比尔·盖茨曾经跟他的大学老师说，自己要在30岁的时候成为百万富翁。后来通过对事业计划的精准执行，他果真做到了！在31岁的时候，他已经是一个亿万富翁了。这就是对人生和事业的计划的精准执行所带来的卓越人生。

要达成自己的远大目标，就必须对计划精准执行。在7岁的时候，比尔·盖茨最喜欢看的书是一套《世界图画百科全书》，他经常反复观看这本几乎有他体重1/3的大书，几个小时地连续阅读，一字一句从头到尾地看。他被这本书深深迷住，但书实在太重了，于是他想制造出一本袖珍型的百科全书。几十年后，电脑芯片出现了，他7岁时的妙想成为了现实。

比尔·盖茨十分喜欢他家附近一个图书馆举行的夏季阅读比赛。在比赛中，他总能赢得男孩中的第一，偶尔还会勇夺总冠军。为什么他这么小就能这么棒呢？原因就是，他做任何事情都一定要有一个很好的结果，所以他无论做什么事情，只要去做，就一定要做到精准执行，一丝不苟。

在很小的时候，比尔·盖茨就是一个很懂得执行的人。他懂得信守诺言，说了就要执行并做到。他曾在日记里这样写道：人生是一次盛大的赴约，对于一个人来说，一生中最重要的事情莫过于信守由人类积累起来的智慧所提出的至高无上的诺言……那么诺言是什么呢？就是要干一番惊天动地的大事。事实也是如此，他干出了一番惊天动地的大事，他和他创建的微软帝国给这个世界带来了一场前所未有的信息革命！

比尔·盖茨的精准执行，还表现在写作业上，学校里的功课，不分课程，不分老师，无论是演奏乐器，还是写作文，或者体育竞赛，他都会出色地做到精准执行。

例如，在比尔·盖茨上四年级的时候，老师布置了一篇有关人体特殊作用的作文，老师的要求是四五页的篇幅。请看一看比尔·盖茨是怎么执行的：

他查阅了爸爸书房里的医学、生理学、心理学等方面的书籍，一口气写了30多页，就像研究生写毕业论文一样严谨认真，这就是一种精准执行。

又如，老师让学生写一篇故事，要求不超过20页，盖茨执行的结果是长达100页的神奇而又曲折的故事。这就是精准执行，他执行的结果往往能使老师和同学都十分惊讶，他们这样评价比尔·盖茨：不管他做什么事，他总喜欢来个登峰造极，不鸣则已，一鸣惊人，不然他是不会甘心的。

精准执行，就是把事情做到登峰造极，只有这样，人生才能卓越。

正因为比尔·盖茨拥有了精准的执行力，所以，他的事业比别人更早起步，人生也更成功、更卓越。

中学时期，比尔·盖茨就读于西雅图的湖滨中学。湖滨中学是一所私立中学，是美国最早开设电脑课程的学校。由于当时还没有PC机，于是校方从社会和家长那里筹集了大批资金，租到一台终端机。这台终端机连接其他单位所拥有的小型电子计算机PDP-10，每天只能使用很短的时间，每小时的费用也很高。比尔·盖茨在湖滨中学发现了自己对于电脑和软件的兴趣，他遇到电脑之后，就像发现了新大陆一样，只要一有时间，便钻进机房去操作那台终端机，他想在电脑上有所成就。

很快，他对电脑的废寝忘食就有了成果：在13岁时，他独立编出了第一个电脑程序，可以在电脑上玩月球软着陆的游戏。

可是，只过了半年，湖滨中学就再也没有钱支付昂贵的PDP-10小型计算机的使用租金了。比尔·盖茨很痛苦，因为他太痴迷电脑了，所以他决定想尽一切办法去延长自己使用电脑的时间。于是，他开始执行了。

他和同学四处奔走，终于找到一个机会，帮助一家名为CCC的电脑公司抓臭虫，这家公司用他们除臭虫的报酬来支付他们操作电脑的费用。

每天晚上6点左右，CCC公司员工下班之后，比尔·盖茨和他的伙伴就骑自行车过来上班。CCC公司有许多台电传打字终端机，还有各种电脑软件，比尔·盖茨几乎整晚都待在那里。

在不断的努力之下，他的电脑才能飞速提高。于是，1970年，当比尔·盖茨15岁时，一家名叫信息科学的公司找到他，以价值一万美元的使用电脑的时间作为酬劳，要求他为公司设计工资管理软件。于是，比尔·盖茨得到了长达一年的电脑使用时间。

1971年，比尔·盖茨为湖滨中学设计了一套排课用的电脑软件——他的第一个电脑编程作品。他因此收获了4200美元，并继续延长着使用电脑的宝贵时间。

1973年，比尔·盖茨帮助美国国防项目承包商TRW公司开发了一套用于管理水库的电脑监督控制系统。通过这种工作，他锻炼和提高了自己软件设计的能力，还得到了该公司一位电脑专家的具体指导，使得自己的软件设计技巧得到了升华。

比尔·盖茨要做什么事，就一定能精准执行，做到最好。就在同一年，他想上哈佛，于是他考进了哈佛，他在SAT（学术能力评估测试）中的得分是满分。

抓住机遇，精准执行，方能成就辉煌

1975年，年仅20岁的比尔·盖茨预言："我们意识到软件时代到来了，并且对于芯片的长期潜能我们有足够的洞察力，这意味着什么？我现在不去抓住机会反而去完成我的哈佛学业，那软件工业绝对不会原地踏步等着我。"

于是，他说到做到，毅然离开了哈佛，和孩提时代的好友保罗·艾伦创建了微软，把自己全部的精力都投入到了微软的事务中。

1983年，当苹果公司在其新产品中将鼠标应用到用户界面上时，个人计算机业的一场革命宣告开始。这时，比尔·盖茨立即意识到电脑的图形界面的重要性，于是，他开始了精准而快速的执行。不久后，微软的新产品陆续发布。

1985年11月20日，微软发布了Microsoft Windows 1.0，这是一款基于DOS系统的图形应用程序。微软分别于1987年和1990年发布了Windows 2.2和Windows 3.0，基本上每隔两年都会发布新的系统，这些系统都在图形界面和其他方面具有明显的改观。

1995年，微软推出了Windows 95操作系统，这是一款真正意义上划时代的软件，它的可视化操作界面让用户摆脱了烦琐枯燥的DOS命令，从而使个人计算机变得极其简单易用。在发行的一两年内，它成为有史以来最成功的操作系统。同年，比尔·盖茨以129亿美元第一次登上了福布斯富豪榜的首富位置。

1998年，微软推出了Windows 98，受到广泛的欢迎，微软巩固了计算机软件业的霸主地位。

2006年6月15日，比尔·盖茨宣布将于2008年7月隐退，并表示届时他将把自己几百亿的家财捐献给“比尔及梅琳达·盖茨基金会”，并表示将只留几百万美元给他的三个孩子。而在他退休的时候，他则执行得更为彻底更加精准，他把580亿美元财产悉数捐出，一分一毫也没有留给自己的子女。

比尔·盖茨的职业生涯无疑是成功的，他是一个懂得精准执行的人，因此，他的人生就像上面描述的那样卓越。到目前为止，他的人生轨迹比他的预想更加成功，更加精确，更加辉煌。

你也想和比尔·盖茨一样，通过精准执行，赢在职场，让自己拥有卓越的人生吗？那就听听他的建议，并在工作中精准地执行计划吧！

比尔·盖茨给青年的11条忠告

1. 生活是不公平的，你要去适应它。

2. 这个世界并不会在意你的自尊，而是要求你在自我感觉良好之前先有所成就。

3. 刚从学校走出来时你不可能一个月挣4万美元，更不会成为哪家公司的副总裁，还拥有一部汽车，直到你将这些都挣到手的那一天。

4. 如果你认为学校里的老师过于严厉，那么等你有了老板再回头想一想。

5. 卖汉堡包并不会有损于你的尊严。你的祖父母对卖汉堡包有着不同的理解，他们称之为“机遇”。

6. 如果你陷入困境，那不是你父母的过错，不要将你理应承担的责任转嫁给他人，而要学着从中吸取教训。

7. 在你出生之前，你的父母并不像现在这样乏味。他们变成今天这个样子是因为这些年来一直在为你付账单、给你洗衣服。所以，在对父母喋喋不休之前，还是先去打扫一下你自己的屋子吧。

8. 你所在的学校也许已经不再分优等生和劣等生，但生活却并非如此。在某些学校已经没有了“不及格”的概念，学校会不断地给你机会让你进步，然而现实生活完全不是这样。

9. 走出学校后的生活不像在学校一样有学期之分，也没有暑假之说。没有几位老板乐于帮你发现自我，你必须依靠自己去完成。

10. 电视中的许多场景绝不是真实的生活。在现实生活中，人们必须埋头做自己的工作，而非像电视里演的那样天天泡在咖啡馆里。

11. 善待你所厌恶的人，因为说不定哪一天你就会为这样的一个人工作。

第二章

执行要精准，理解是前提

执行要精准，理解是前提。身在职场，如果不能很好地理解老板的意图，就相当于盲人走路，不但方向感模糊，而且迟早要碰壁，所有努力都很容易成为无用功，因而也很难得到老板的青睐，从而使你的职场前景暗淡。

职场要赢，精准执行。要精准执行，需要一个前提——理解！有了好的理解力，才会有好的执行力，才能做到精准执行。

在职场中，耳朵重于大脑。为了能精准执行，出色完成工作任务，你首先要做的，是理解好领导和老板的意图。

为了理解得好，我们可以运用一个高效的做事原则，这个原则叫SMART原则。何谓SMART原则？它是指：

S(Specific)：明确性。目标必须是具体的，要清晰、明确，让考核者与被考核者都能够准确地理解目标。

M(Measurable)：可衡量性。目标必须是可以衡量的，要量化，使考核时可以采用相同的标准来进行准确衡量。

A(Attainable)：可实现性。目标必须是可以达到的，但要通过努力才可以实现，也就是说，目标不能过低或者偏高，偏低了没有意义，偏高了实现不了。

R(Relevant)：实际性。目标必须和其他目标具有相关性，目标要和工作有相关性，不是被考核者的工作，别设定目标。

T(Time-based)：时限性。目标必须具有明确的截止期限，要在规定的时间内完成，时间一到，就要看到结果。

SMART原则是基于目标的原则。理解好SMART原则中的这五点，人们就能知道怎么样才算是执行得好，怎么样是没有做好，怎么样算是超越了目标。

执行要精准，理解是前提。身在职场，如果不能很好地理解老板的意图，就相当于盲人走路，不但方向感模糊，而且迟早要碰壁，所有努力都很容易成为无用功，因而也很难得到老板的青睐，从而使你的职场前景暗淡。

做事情要讲究方法，唯有事半功倍，才是赢家之道！精准执行，就能让你事半功倍。而要精准执行，首先要理解好老板和领导的意图。

竖直自己的耳朵，理解老板的意图

只有竖直自己的耳朵，精确地理解老板的意图，你的执行才能精准、有效果。如果你总能精准执行老板的意图，你就能成为不可替代的员工！

职场中，很多人都在寻找成功的捷径，希望借助捷径，给自己一个步步高升的加速度。

在踏实工作的基础上，我们追求职场成功确实有不少捷径，例如，把耳朵竖直，理解老板的意图，然后迅速精准执行。

有这样一个人，他非常懂得竖直耳朵，精确地理解老板的意图，并能把老板的意图精准执行，做出让老板满意的结果，这个人叫和珅。

提到和珅，很多人首先想到的是，他是中国历史上的一个大贪官，紧接着，大家会想到的是，和珅善于逢迎，喜欢拍乾隆皇帝的马屁。这两点无可否认，不过，据史书记载，除了很能贪污和很善于拍马屁外，和珅还很善于理解皇帝的意图，执行起来很精准。

如果把和珅生活的乾隆时代换成现在，把当时的大清王朝比作现在的企业，那和珅就可以说是一个极为成功的职场人士，因为他很善于理解自己的老板——乾隆皇帝的意图，并能做到精准执行，做出让老板满意的成绩。试想，这样的人哪个老板会不喜欢？

那么，和珅是如何竖直耳朵，理解皇帝的意图，像爬云梯一样青云直上的呢？

下面是我们选取的几个极具代表意义的故事。

故事一：投其所好

乾隆皇帝很信奉佛教中的喇嘛教，几乎到了迷信的程度。和珅了解到这一点后，就经常抽时间去研究喇嘛教，后来，和珅对喇嘛教的研究非常深入，成为了研究喇嘛教的首屈一指的专家。

当年白莲教起义，乾隆皇帝派将领带兵去镇压，但效果很不好，后来，迷信的乾隆皇帝便想用喇嘛教的咒语来除掉白莲教的头领。这一天，乾隆皇帝开始念起咒语，但一时间忘了白莲教头领的名字。没想到，和珅立马凑过去说："徐天德，苟文明。"此话深合乾皇帝隆心意！结果，乾隆皇帝对和珅的宠爱又加深了一层。

这个故事启示我们：如果老板有新的战略意图，你知道了，领会了，理解了，还精通了，那么你不想升职也难！

故事二：高效办案

乾隆皇帝一度对纳贿和贪赃深恶痛绝，几番下圣谕要朝中官员洁身自好，奉公守法。和珅理解了乾隆的这个意思后，便积极地去寻找机会执行。

一个偶然机会，和珅得知李侍尧在云南贪赃枉法，于是他便把李侍尧的事情告知了乾隆皇帝，乾隆皇帝听后大怒，当即命和珅前往云南审查李侍尧贪赃一案，和珅明白乾隆皇帝很想尽快破案，于是，他便迅速前往了云南。

到达云南后，和珅表面上游山玩水，暗地里却进行暗访。等证据搜集得差不多了，为了速战速决，和珅便命人绑来了李侍尧的大管家赵一恒，在严刑逼供之下，赵一恒把李侍尧的所作所为一一向和珅做了交代。

在人证物证俱在的情况下，李侍尧不得不低头认罪。

从接手这个任务，到乾隆皇帝下御旨处治李侍尧，和珅只用了两个月时间。在大清腐败的官场上，如此快的办案效率是极为罕见的，因此，和珅受到了乾隆皇帝的大加赞赏。

这个故事启示我们：当你理解了老板的意图之后，还要把事情精准地、有效率地执行，你就会受到老板的重用。

故事三：领命建庙

承德避暑山庄里面有一处景点叫外八庙，其中最漂亮的一座庙是和珅设计的，这里面有一个意味深长的故事。

为了庆祝自己即将到来的七十寿诞，乾隆皇帝与众大臣来到了承德避暑山庄行宫。

这时，西藏六世班禅呈来了一份文书，但这份文书是用藏文写的，乾隆皇帝和众大臣都看不明白上面的意思，有大臣说和珅精通藏文，于是，乾隆便传旨让和珅前来候驾。

和珅来了后，便马上翻译了西藏班禅送来的文书。原来，六世班禅知道乾隆皇帝要七十大寿了，便准备亲自带领几百名喇嘛和僧人前来北京，为乾隆皇帝祝寿，乾隆皇帝听后非常高兴。

但问题很快便出来了：班禅来了之后住在哪里呢？虽然北京有班禅的驻地西黄寺，可避暑山庄没有啊！因此，必须要在避暑山庄为班禅建一座宫殿。可是，这由谁负责建造呢？这可急坏了乾隆皇帝。

思来想去，乾隆最后只想到了一个人——和珅。因为在乾隆皇帝的眼里，只有和珅能按照自己的意思执行好这件事，于是，这个重任便落到了和珅的头上。

和珅一想，乾隆皇帝的意思是要建一座宫殿给班禅住，那就必须既符合喇嘛教的风格，又要包含大清的风俗，这样才不会丢了大清王朝的面子，换言之，只有两者兼备才能算是精准地执行乾隆皇帝指派下来的任务。

在完全理解了乾隆皇帝的意图后，和珅开始执行了：

宫殿建在了山麓之上。在寺庙正中，建了一座大红台，然后以此为中心，把整个院落分为前、中、后三个组成部分，前部建有碑亭，后部建有琉璃万寿塔，依循山势，逐次升高。庙的前部建筑由五孔石桥、石狮子、山门、碑亭、琉璃牌坊组成，周围有围墙环绕，左右建有东西掖门，上面按照中式宫城的格局建有楼台。

整个建筑，虽然采用了西藏日喀则扎什伦布寺的风格，却又辉煌庄严很有皇家建筑的风范，这很合乎乾隆皇帝的要求。

乾隆在细细看过之后，感觉非常满意，因为和珅建造的，正是自己想要的！因为乾隆对和珅办的这一差事非常满意，所以便任命他为理藩院尚书，管理蒙、疆、藏事务以及外交上的一切事宜，于是和珅又升官了。

更让和珅喜出望外的是，从此以后有什么肥差，乾隆皇帝都会派给和珅去做，因为在乾隆心里，和珅是最理解自己的人，是最不可替代的。

这个故事启示我们：只有精确地理解老板的意图，你的执行才能精准和有效果，如果你总能精准执行老板的意图，你就能成为不可替代的员工！

故事四：办寿得当

在晚年时，乾隆皇帝生活极度奢华，例如：他大兴土木专门为自己建造了畅音阁、倦勤斋和退位以后要居住的宁寿宫，这些支出导致了大清国库的空虚。

乾隆皇帝很快就到八十岁了，好大喜功爱讲排场的乾隆皇帝决定举办万寿大典和设千叟宴，这两个活动都需要花费大量的银子，可是国库里面已经没钱，该怎么办呢?

这时，乾隆皇帝马上想到了和珅，于是他下旨由和珅总管自己的八十大寿事宜，因为他知道和珅最了解自己，最能按照自己的意思精准地执行，把事情办得妥妥当当，漂漂亮亮。

接到指令后，和珅很快便明白了乾隆的意图：皇帝是不想用国库的钱来办寿！于是，和珅便知道该如何执行了。果然，事情的进展和乾隆皇帝的预想一样：和珅命令外省三品以上的大员都要为乾隆皇帝的八十大寿进献。很快，办大寿的钱便凑齐了，没有动用国库的一两银子，没有让乾隆背上一丁点儿劳民伤财的骂名！

乾隆皇帝对和珅办的这件事非常满意，鉴于和珅对自己的意图理解和执行得都很精准，乾隆皇帝便赐给了和珅一件黄带四开褉袍，以示恩宠。

这个故事启示我们：耳朵竖直，理解老板的意图，按照老板想要的方式去执行，老板才会对你的执行结果满意，才会给你一个很好的回报。

由于耳朵能竖直，能够精确理解乾隆的意图，并能迅速精准执行，和珅在官场飞黄腾达，青云直上，就像爬云梯一样：

公元1772年，23岁的和珅被授予三等侍卫，获得了接近乾隆皇帝的机会。

公元1775年，26岁的和珅首次赢得乾隆皇帝的垂青，在闰十月担任乾清门侍卫，十一月升为御前侍卫，授正蓝旗满洲副都统。御前侍卫相当于皇帝的贴身保镖，正蓝旗满洲副都统是京城卫戍部队的副指挥官。

公元1776年，27岁的和珅在这一年的正月担任户部侍郎，三月任军机大臣；四月担任总管内务府大臣；八月，调任镶蓝旗满洲副都统；十一月任国史馆副总裁，赏戴一品朝冠；十二月，总管内务府三旗官兵事务，赐紫禁城骑马。

公元1777年，28岁的和珅在这一年六月转任户部左侍郎，同时担任吏部右侍郎；十一月兼任步军统领。

公元1780年，31岁的和珅在这一年赴云南查李侍尧案，办完案，在回京的路上被升为户部尚书；五月，授御前大臣，补镶蓝旗满洲都统，他的儿子被赐名丰绅殷德，并指定为十公主的驸马；六月，被授予正白旗领侍卫内大臣；十月，任四库全书馆正总裁，兼办理理藩院尚书事。

公元1781年，32岁的和珅在四月以钦差大臣的身份前往甘肃平乱；十一月兼署兵部尚书；十二月管理户部三库。

公元1782年，33岁的和珅在八月加太子太保衔；十月，任经筵讲官。

公元1783年，34岁的和珅在六月被赏戴双眼花翎；十月任国史馆正总裁；十一月任文渊阁提举阁事。

公元1784年，35岁的和珅在三月被调任正白旗满洲都统；四月任清字经馆总裁；七月调任吏部尚书，协办大学士，兼管户部；九月，被封为一等男爵。

公元1786年，37岁的和珅在闰七月被授予文华殿大学士，仍兼管吏部户部。

公元1788年，39岁的和珅在二月被封为三等忠襄伯。

公元1795年，46岁的和珅在四月担任殿试读卷官；五月任教习庶吉士。

公元1796年，47岁的和珅在正月被调任正黄旗领侍卫内大臣；六月被调任镶黄旗满洲都统。

公元1797年，48岁的和珅兼理刑部，兼理户部。

公元1798年，49岁的和珅被晋为公爵。

自从26岁受到乾隆皇帝的礼遇开始，和珅一路青云直上，在23年间虽然偶有大过，但依然能不断升迁，各种高官都当遍了，成为仅次于乾隆皇帝的“二皇帝”，真可称得上是“一人之下，万人之上，权势滔天，富可敌国”。为什么他能如此飞黄腾达呢？因为他能把耳朵竖直，精确地理解皇帝的意图，然后精准地执行，得到让皇帝满意的结果。

你也想在职场上快速升迁吗？那就首先把耳朵竖直，从精确地理解好老板的意图开始吧！只有这样，你才能做到精准执行，才能在职场春风得意。

只有不懂事的员工，没有不讲理的老板

那些职场成功人士，极少有埋怨老板不讲理的。在他们的眼里，没有不可能完成的任务，只有你能不能理解好老板的意图，能不能做到精准执行。

这样的抱怨我们并不陌生：

“老板太不讲理了！”

“这个任务我没有完成，完全是因为老板给的这个任务难度太大了！”

“就给我一块钱，却要让我办10块钱的事，有这样不讲理的老板吗？”

……

类似的抱怨还有很多。有些员工在接到老板的指令后，执行得不好，就会把责任推到老板的身上，认为是老板不讲理，所以才会使自己遇到了重重的困难，殊不知，在职场中，只有不懂事的员工，没有不讲理的老板。

阿迪达斯的广告词说“Impossible is nothing”（没有不可能）。对于不懂事、不会精准执行的员工来说，很多事情都是“不可能完成的任务”，然而，事实真是这样吗?

当然不是！那些职场成功人士，极少有埋怨老板不讲理的。在他们的眼里，没有不可能完成的任务，只有你能不能理解好老板的意图，能不能做到精准执行。

合理的要求是锻炼，不合理的要求是磨炼

在能精确理解老板意图的员工心中，没有不可能，即使有，他们也能把不可能

变成可能，做到精准执行，让老板满意。

李鸿兵刚入职没几个月，老板便给他分派了一项任务。李鸿兵分析了一下，认为这个任务执行起来困难重重，要完成简直是不可能的。以他的分析，这个不可能是由公司的运营结构造成的，不是他的能力有缺陷，也不是他不会执行，他最后指出，要完成这个任务也可以，但前提是老板必须拨付给他足够的预算。

老板听了之后，笑了笑，摇摇手指，对他温和地说："No!"

李鸿兵在离开老板的办公室后，苦思冥想了一整天，越想越觉得这个任务如果没有充足的资金根本不可能达成，但他看到老板并不想支持他的提议，所以觉得老板是在为难他，不想让他在公司干了。于是，在当天下班之前，他便向公司人力资源部递交了辞呈，招呼也不向老板打一声就走人了。

老板知道后，当着人力资源部主管的面，不无惋惜地说："本来以为他能力不错，想让他做出点儿成绩的，没想到他却是一个纸上谈兵的人，这样的员工，不适合我们公司。"

从老板的话来看，老板对他是很看重的，他在任务面前退却，并非是老板不讲理，而是他不懂事，不敢去执行。

过了几天，公司新来了一个员工，叫赵义，从他的个人履历上来看，他的能力很好，于是，老板把那项"不可能完成的任务"交给了赵义。

赵义接到任务后，自己分析了一下，也感觉到了其中的困难，但他没有向公司和老板提任何要求，而是自己努力找办法。10天之后，他费尽九牛二虎之力，终于完成了任务，把不可能变成了可能。

第二天，也就是赵义正式入职的第11天，他来到公司，发现自己的位置上坐着别人。他赶忙去人力资源部询问，人力资源部主管告诉他："小赵，你升职当部门主管了，是老板亲自点的名，要好好干哦。"

他的工资涨了三倍，还有各种津贴，而且在后面的工作中，分给他的预算也都很充足。

这个故事启示职场中的我们——

（1）老板并非不讲理；

（2）即使老板不讲理也没有什么，因为那是你证明自己能力的绝好机会，抓住了，你就能快速升迁！

老板，是公司的舵手，是领军人物，老板的决策决定着一个企业的生死存亡，老板不像员工，员工只需关心自己是否能加薪和升职即可，但老板要关心的是所有员工，关心的是整个企业。因此，老板对你的要求合理不合理，要看你懂不懂事，会不会执行。

对自己前途和命运负责的员工，往往会把合理的要求当作锻炼，把不合理的要求当作磨炼。无数事实证明，不合理的工作能提升员工的能力，不讲理的老板更能提升员工的执行力！

执行力提高了，就更容易执行得精准，从而使再不合理的要求也变得合理，再不讲理的老板也讲理了，而且，你的精准执行，使那些不讲理的老板更有理由给你加薪和升职！

因此，没有不讲理的老板，只有不懂事的员工！

成为懂事的员工，做出超值的结果

有一个成功人士说："讲理的老板会显得软弱无能，犹豫不决，最优秀的老板往往不讲理。"也许这句话有些偏颇，然而，强将手下无弱兵，不讲理的老板也许更容易促使你成长和成熟，所以，别再埋怨你的老板是否不讲理了。老板很多时候给你交代的任务，也许会让你感觉不讲理，但事实证明，这样的不讲理，反而能使你变得更优秀，更善于执行，从而赢在职场，赢得成功。

没有不讲理的老板，只有不懂事的员工。那么，如何才能成为一个懂事的员工呢？

1. 耳朵竖直，精确理解老板的意图

只有把耳朵竖直了，你才能精确地理解老板的意图，才能知道老板想要你做什么，需要你做到什么程度，从而能更顺利地去执行，如果还没有知道要做什么和为什么去执行，那么根本就不会有好结果，更不要说令老板满意了。

2. 懂事的员工，需要懂事的态度

在职场成功人士之间流行着这样一种观点："做得好不好是能力问题，但做不做是态度问题。"确实如此。身在职场，做事的态度很重要，想做一个懂事的员工，就需要有懂事的态度。

陈主管的小组里新来了两名实习生，这两名实习生对工作的态度有着很大的差别。

陈主管出门前，嘱咐两个实习生替他接听电话，有急事就打电话给他。实习生甲做事很细心，电话铃一响，他就接通电话，把具体的事项和联系人的姓名及联系电话都一一记录在记事本上，凡是能替陈主管办的事，他都会迅速地办好，并在记事本上注明"已办"。

实习生乙则是另一种态度，他对打来的电话往往不闻不问，只会躲在角落里玩电脑游戏。

当陈主管办完事回来时，一走进办公室，他就对甲和乙的表现一目了然。因为甲正在接电话，边听边记，乙却在电脑前打游戏，正玩得兴起呢。

陈主管看了看甲整理的记录本，条理清晰，简单明了，心里很满意，然后，陈主管把乙叫到跟前，问道："我出去的这段时间，你都做了些什么？"

乙支支吾吾说不出话来，于是陈主管更加确信，乙玩了一个下午的游戏。当实习期满时，甲和乙这两个人谁该留下，陈主管早已有了明确答案。

3. 接到任务，不要畏难，而要想方设法去执行并圆满完成

在职场中，有些员工存在着挑肥拣瘦的心理，喜欢做容易的工作，不愿意去做老板交给的困难任务。然而，面对困难工作就寻找借口不去执行，或者执行了却不精准，就很容易影响老板和上司对你的印象和评价。

任何事情只有去执行了，才能有结果；只有执行精准了，才会有好结果，这是工作中的真理。如果因为难度大而不去做，结果不但会令老板对你失望，也会让你的职业前景越来越暗淡。

4. 执行的结果要超值

如何理解“结果要超值”呢？例如考试前，你的目标是考60分，最后竟考了70分，这就是超值，但如果你只考了60分，目标虽然实现了，你却高兴不起来，甚至会有一点儿失落。这就是超值带来的意义，结果超值，你更容易赢得成就感。

在职场中也是一样，你执行一项具体的任务，如果你只是完成了任务，那老板可能会平淡地说一声“不错”，但如果你做得很圆满很超值，老板就很可能会拍着你的肩膀说：“太棒了！”并开始重用你。

不做则已，要做就做到最好。执行的结果达到预期的要求不算什么，做到精准执行，做到超值，才算是能力非凡的体现，在老板的眼里，这样的员工才是最优秀的员工。

老板就是上帝，老板改变你的命运

老板就是上帝，老板改变你的命运，你一定要懂得和老板一起成长，才能和老板一起成功。如何去做呢？每一天都能很好地理解老板的意图，每一次都能精准执行，给老板一个又一个完美的执行成果。

不少职业学校的招生广告上，往往会有这样一句话：国家承认学历。这从某一角度上说明，如今这个社会，学历很重要，然而，在职场中你要被雇用被重视直至被重用，光有“国家承认学历”是远远不够的！在职场中，你的学历必须得到一个人的承认才有用，那么这个人是谁呢？他就是你的老板。

在销售领域，“顾客就是上帝”这句话我们耳熟能详。其实在职场上，也有类似的话：“老板就是上帝！”

在职场里，老板就是上帝；在职场里，老板拥有至高的权力；在职场里，老板认为你行，你就有学历，你就能当高层，拿高薪；老板认为你不行，你就没有学历，不但不能加薪升职，还很有可能失业；在职场，老板能够改变甚至决定你的命运。

在清朝雍正年间，有几位位极人臣的高官都不是科举出身，用今天的话来说，就是都没有学历，而且都出身低微，但是，雍正皇帝认可他们，所以后来他们都做了封疆大吏，独当一面，成为了当时朝野闻名的股肱之臣，他们就是鄂尔泰、田文镜和李卫。

如果把有潜力的员工比成是一块石头，那么老板很可能就是那双具有点石成金能力的魔力手，等员工用精准执行把能力展示出来后，把成果送给老板时，老板就能把员工送上一个个新的台阶，到达新的高度。

身在职场，对于众员工来说，老板就是上帝。因为员工的工资是老板发的，员工的升职是老板批准的，员工得以体现自己的能力、实现自己价值的平台和机会也是老板提供的。甚至，老板还有可能帮助一批普通的员工通过精准执行，成为人人羡慕的百万富翁甚至千万富翁！

让我们看看下面几个跟着老板成为百万、千万富翁的故事，不知道从中你是否能够感悟到一些东西。

故事一：网龙公司帮助一批员工变成百万富翁

2007年11月2日，网龙公司正式在香港创业板上市，招股价为13.18港元，当日报收于16.52港元，融资额超过16亿港元。

因为网龙公司实行的是全员持股，所以一瞬间，网龙公司的很多员工都摇身一变成了百万富翁。网龙公司的副总裁说："网龙公司上市是为了更好地实现对员工的激励，同时还提升了网龙对优秀人才的品牌号召力。"

据了解，网龙公司的员工月薪在人民币6000元到2万元之间，处于行业领先地位，除了工资之外，网龙公司还不断地花费巨资以丰富员工的娱乐生活。例如，网龙公司斥资2000万元建设了占地15亩的"缥缈庄"，里面包括了跆拳道馆、健身房、游泳池、射箭馆、攀岩壁和舞场等设施，后来，网龙公司又建了一座相当豪华的私人电影院。除此之外，网龙公司还为员工提供了一系列免费食品。这样的工作环境和待遇，使得大多数网龙公司的员工都很乐意连周末都待在公司里。

故事二：史玉柱造就近200个百万、千万、亿万富翁

亿万富翁、优秀老板史玉柱的巨人网络拥有完善的员工期权分配计划：公司规定，2006年10月之前入职的普通员工都能获得少量的内部股权，最少价值10万元，年底还能拿到公司的分红。据悉，史玉柱还曾承诺，总监级别以上的员工，公司上市后都可以获得百万元以上的利益回报。果然，当巨人网络在纳斯达克上市后，巨人网络公司里很快便产生了21位亿万富翁，168位百万和千万富翁。

在上市成功的庆功宴上，史玉柱宣布了两个消息：巨人的每位员工都将获得一枚金币；公司所有员工都将涨工资。

故事三：跟着比尔·盖茨，成为百万富翁很容易

很多美国人都曾这样感慨，跟着比尔·盖茨，要想成为百万富翁很容易。确实，据国外媒体报道，截至2000年，微软已经制造了大约1万名百万富翁。

在1986年到1996年间，由于Windows操作系统和Office办公软件的热销，微软的股价上涨了100倍以上。很多微软员工的薪酬中都包含股权奖励，因此股价的大幅度上涨使很多微软员工成为了百万富翁，大批微软员工一夜暴富，以至很多人都称自己中了彩票。

微软聘请的一位经济学家理查德·康威表示："具体的数字很难确定，但保守估计，到2000年微软已经造就了大约1万名百万富翁。微软带来的巨大财富令人震惊。"换言之，只要微软的员工坚定地跟着比尔·盖茨，就能从寒酸的租房打车一族变成住上豪华别墅、开上高级跑车、过上优质生活的社会精英。

微软的一位员工曾招待30多位家庭成员在一处五星级的旅游胜地度假一周；还有一位员工通过捐赠的方式在牛津大学获得了名誉教授资格，可见微软给员工的酬劳有多么高。

微软员工纷纷成为富翁，虽然离不开个人的努力，但更离不开他们的老板的帮助，换言之，从寒酸的打工者到百万富翁的巨变，是比尔·盖茨带来的。

故事四：马云制造了数量空前的百万富翁

1999年，马云创办了阿里巴巴网站。当时，这个创业团队里除了马云，还有马云的妻子、马云当老师时的同事、学生，以及被马云吸引来的精英。其中有一个精英当时是一家投资公司的中国区副总裁，年薪75万美元，但当他看懂了马云和阿里巴巴之后，便义无反顾地放弃了当时的职位，跟着马云努力奋斗。尽管只能每月领到几百元的薪水，但是，他始终认为自己的决定一点儿也不鲁莽，更不愚蠢，因为他追随的老板叫马云，他相信马云是一个能创造奇迹的人。

2007年11月6日，阿里巴巴在香港联交所主板上市，以每股13.5港元的价格发行了8.589亿股。据招股说明书披露，阿里巴巴约有4900名员工持有总计4.435亿股股份，分享着阿里巴巴上市后带来的财富。

当初那个抛弃副总裁头衔和75万美元年薪的人叫作蔡崇信，阿里巴巴的CFO，他拥有7681万股阿里巴巴的股权，按照开盘价30港元计算，他的身价超过了23亿港元。

而持股的4900名阿里巴巴员工，平均下来每名员工持有9.05万股，若以11港元的招股中间价计算，每人通过IPO得到的财富刚好为100万港元。阿里巴巴通过上市制造出来的百万富翁的数量，很可能是空前的，而在老员工中，千万富翁、亿万富翁比比皆是。

即使是2005年左右加入阿里巴巴的员工，拿到的期权价格为3～4港元，以此计算，这部分员工个人财富的增值也为10倍左右。从2005年加入阿里巴巴，到2007年阿里巴巴上市，两年时间，很多员工从年收入几万元，变成了身价百万的富翁。谁为他们带来了这一切呢？就是他们的老板马云。

尽管当时加入到阿里巴巴才不过一年，但阿里巴巴的CEO卫哲也通过公司的上市而获利甚丰，据了解，卫哲拥有4825万股，仅按开盘价计算其持有股份的价值便有约14.5亿港币。从其加入到阿里巴巴第一天算起，到阿里巴巴上市成功，卫哲平均每天的报酬是约400万元。

看看老板有多么神奇吧！如果紧跟着那些优秀的老板，精准地执行好老板交给的每一项任务，你就很可能和老板一起成功，成为富翁，身价百万、千万甚至亿万！

可见，在职场中，老板能够改变甚至决定你的命运；在职场中，老板就是上帝！这是任何一位员工想要在职场里很好地生存和发展的一个黄金法则。

老板就是上帝，老板改变你的命运，所以，你一定要先懂得和老板一起成长，才能和老板一起成功。但这要如何去做呢？要靠你每一天都能很好地理解老板的意图，每一次都能精准执行，给老板一个又一个完美的执行成果，让老板看到你的能力，让公司因为你的存在而能更好地发展。这样，你就能赢得老板的青睐，进而与老板共享公司成功之后带来的丰硕果实！

听清楚，记下来，不理解的要发问

在职场上打拼，一定要精准执行，要精准执行，首先一定要精确地理解老板的意思。如何理解呢？把老板的话听清楚，记下来，如果没有理解，就要发问，直到精确理解为止。

前面说了，对于一个员工来说，老板就是上帝，老板决定员工的职场命运。耳朵竖直，精确理解老板的意图，职场才能像爬云梯一样畅通无阻、快速升迁。怎样才能精确地理解老板的意图呢？最简单和最实用的方法是：听清楚，记下来，不理解的要发问。

身在职场，每个员工都应该准备一个本子，记录公司会议上的议题和老板布置任务时的话语，并且尽量记得全一些。只有这样，员工才能精确理解公司的战略和老板的要求；只有这样，员工才能更精准地执行，成为组织里的“标兵”，成为老板最为倚重的人。

也许有些人会不以为然，认为自己很聪明，老板的话一说，自己立刻就能知道老板的意思，认为把老板的话当作金科玉律一样记在本子上是一件很多余很愚蠢的事，只有理解力差、脑袋运转不快的人才有必要时刻带一个小本子。然而，事实真的是这样吗？

据研究发现，人的大脑的记忆能力，相当于1500亿台硬盘80G的电脑。但是，虽然人的记忆容量很大，记忆却并不精确。举一个例子，人对概念和行为的记忆能力是很好的，比如“科技是第一生产力”，说出来很多人都会认同；很久不骑自行车，但骑自行车的动作并不会忘记，这些都属于概念和行为的记忆。但是，对于极为精确的东西，人的记忆能力却很有限，比如对数字、日期，人的记忆并不精确，单纯地依靠记忆去做事，很难执行精准。

有一个实习生，老板向他交代了一件事：去邮局寄一封信。这是很简单的一件事，只要去做，就一定能精准执行，除非他忘掉了这件事情，没想到，他果真忘了这件事。

当天是星期五，堆积了一周的工作都要在这天完成，所以他很忙，基本上是从早忙到晚，还加班到晚上，才疲惫地回到家里。所以，他把老板交代的事情忘得一干二净。

等回到家里，他才想起老板要他寄信的事情。然而，信放在了公司里，接下来的两天是星期六和星期天，是双休日，全体员工都不上班，包括管大门钥匙的人，所以要寄信只能等到三天后。

三天后，他刚到公司，就被老板叫到办公室，大声斥责了一番，原来，他的遗忘，耽误了老板的大事情！

完全相信自己的脑子而不靠笔头记下来，工作一忙就容易忘事，而事情一忘，就很可能会耽误工作。因此，在职场中比较有成就的人一般都有极为精确的工作计划和执行备忘。所有做事有条理的人都会有一个记事本，上面记录着自己当天要做的事情和随时想到的一些想法。每一个老板都会有一个专门的秘书，负责记录重要的事情和想法，并安排自己的日程。

身在职场，如果你想成就自己，做最好的自己，就必须养成随手记事随时记事的习惯！只有记下来，才是保证不会忘掉的最好方式。

听清楚，记下来，才能精确理解

在记下来前，要做到的是听清楚。

曾经有一个员工因为没有听清楚老板的意思，把客户送给老板的荔枝送给了同事品尝。老板知道后勃然大怒，罚了他1000元。

还有一个员工，是公司的业务员，快过节了，老板买了一些礼物，要他送给一些兄弟公司主管部门的相关人士，那些礼物送给谁，老板说得清清楚楚。然而，他却听得一塌糊涂，也没有动手记下来，更没有让老板再重复说一次，结果老板精心购置的礼物被他糊里糊涂地送了出去，他把最贵的送给了该公司的副总，却把最便宜的送给了总经理。老板知道之后，一气之下罚了他一个月的薪水。

听清楚，记下来，这样才能做到精确理解。

听不清楚老板的意思，记下来也没有用，因为这相当于把错误和谬论当作真理去执行，执行的结果只能是错上加错，是在和精准执行背道而驰。这非但不能让老板满意，还会让老板对你的能力产生怀疑，进而失望，严重的还可能将你解雇！

一位外企主管认为，要理解老板的意图，就一定要准确理解老板的要求。在老板布置任务、交代工作时，员工一定要聚精会神，听清楚记准确，最好是在老板面前再重述一遍以获得确认，如果你的反应够快，能够把你的初步执行方案也顺便汇报一下，那效果会更好。

人都喜欢能理解自己的人，老板也一样。如果你能精确地理解和领会老板的意图，老板一定会很开心，因为接下来你的执行不会出现方向上的偏差，执行的结果更容易让老板满意。

要“不耻下问”，更要“不耻上问”

《论语》中提到“不耻下问”，意思是说，不懂就要问，这没有什么羞耻的。在职场中，员工也应该不懂就问，不但要“不耻下问”，更要“不耻上问”。

在和老板交流沟通的时候，员工如果没有理解老板的意思，就要发问。

有一个老板很抠门，在一年过中秋节时，他看到公司发给员工的月饼，突然很不高兴。有一个很有心的员工看在了眼里，想了半天，却想不明白。

后来，这个员工就去找老板，问道："老板，您为什么不高兴呢？"

老板把买月饼的发票递给了他，生气地说："现在这月饼怎么这么贵，就没有便宜点的？"

该员工这才明白过来，原来老板生气的原因是，采购主管买的月饼太贵了。

转眼一年过去了，又快要过中秋节了，这个员工想起去年的事，便主动到老板跟前建议道："今年我们早点订购名牌月饼，价格很便宜，牌子又好，味道也不错，员工一定会很开心，公司也能省下不少钱。"

老板听了后很高兴，马上同意了他的建议，并让他全权负责订购月饼，于是，公司的全体员工加上老板，都过了一个开心的中秋节。

节后，这个员工被老板提拔为公司一个部门的主管。

要精确理解老板的意思，并不是要你对老板言听计从，明知是错的还要去执行，这时候你就要发问。但是，你在发问的时候，一定要给老板提供有力的证据，这也算是精确理解老板的意思。这样做不但能节省公司的资源，做到精准执行，还能让老板对你刮目相看。

刚才故事中讲到的被提拔为公司主管的这个员工，后来发生了这样一件事：有一位客户来公司，要加工一批原材料，给的加工费不菲。于是，双方签订了合同，合同规定，分六次提货，在提货时付当批货的加工费。

前三次提货双方都执行得很好，然而，在第四次提货时，客户却要求暂缓付款，理由是资金周转困难。

当上了主管的这个员工自己不敢决定，只好去请示老板，老板不假思索便同意了客户的要求。

没想到，到了第五次提货时，客户又要求延迟付款。这位新主管却态度强硬地拒绝了客户的要求，并希望客户能履行合同里的约定。

客户很不高兴，便跑到老板跟前告了新主管一状，还威胁老板要中止合同，老板当即就批评了新主管，并下令让他给客户提货。

这个新主管觉察到公司做这单生意很有可能会收不回加工费，即使能收回加工费，双方也很难再有后续的合作，更严重的后果是，老板会责怪他得罪了客户。

这可怎么办呢？最后他决定去调查一下这个客户以往的信用记录。调查之后，他发现这个客户的信用记录很不好，多次违约，还欠了好几家公司的加工费。

有了足够的证据之后，这个新主管便找到老板，向老板汇报这一情况。听了他的话，老板犹豫了一会儿之后，说："你多催催，然后看着办吧。"

这句话让人有点难以理解，但他结合老板平日里的做事风格，还是精确地理解了老板的意思：绝对不能赔钱，但到手的生意也不能就这么让它溜走了，该赚的钱还是要赚到！

理解了这一点之后，他就去大胆地执行了。他一面扣下了最后一批货，一面不断地上门去找客户要钱。客户眼看工期不能再拖下去了，只好一次性结清了所有款项。老板对新主管的执行结果非常满意。

只要能精确地理解老板的意思，然后精准执行，那么任何老板都愿意成为你职场中的贵人，帮助你踏上职场成功的快车道。

总之，在职场上打拼，一定要精准执行。要精准执行，首先一定要精确地理解老板的意思。如何理解呢？把老板的话听清楚，记下来，如果没有理解，就要发问，直到精确理解为止，做到这一点，你才能做到精准执行，让老板满意。

绝对服从，“好用”的员工正当红

绝对服从，精准执行，你就获得了在职场里成功的万能钥匙，从此以后，无论遇到什么类型的老板，不管做的是什么样的工作，你都能成为最出色的员工，最当红的人！

让我们首先重温一下这个经典的故事：美西战争爆发后，美军必须立即跟古巴的起义军首领加西亚将军取得联系。但是，加西亚将军在古巴丛林里，没有人知道他确切的地点。不过，无论如何，美国总统都必须尽快和加西亚取得联系。怎么达成这个难度极大的目标呢？找一个可靠的人把一封美国总统的亲笔信交给加西亚，换言之，总统需要一个送信的人！

有人对总统说：“有一个叫罗文的人有办法找到加西亚，也只有他才能找得到。”

于是，罗文被找来了。总统把那封送给加西亚的信交给了罗文。之后，罗文并没有问“加西亚在哪里”之类的问题，也没有问路上会遇到什么危险，事实上，他什么也没问。他接受了任务之后，用油布把信裹好，贴在胸口放好，然后就开始执行任务。他心里非常清楚，他要达成的目标只有一个：把信送给加西亚！

他花了四天时间，搭乘一艘无帆小船到了古巴，然后进入丛林，用了三周的时间徒步穿过了那个国家，出现在岛屿的另一边，最后，他成功地把信交到了加西亚将军的手上！

在战争时期，面对异常风险的环境徒步穿越一个国家，罗文完成了一项几乎不可能完成的任务。

这个故事来自经典名著《致加西亚的信》。《致加西亚的信》一书自出版以来，100年间被各大公司、企业、机关奉为经典。至今，《致加西亚的信》各种版本累计销售量近8亿册，是有史以来最畅销的书籍之一。

《致加西亚的信》的影响力是惊人的。日俄战争期间，前线上的俄国士兵人手一册，日本人在俄国战俘中发现了这本书，于是便译成了日文，呈献给了日本天皇，天皇看了之后，便立即下令所有日本政府官员、士兵乃至平民必须人手一册。

美国前总统布什把《致加西亚的信》送给了白宫办公室的每一个员工，并且要求他们要在一张特定的纸上签上自己的名字。

……

《致加西亚的信》这本书其实是阿尔伯特·哈伯德在晚饭后花了一个小时写成的“速成品”，然而，它却影响了世界好几代人，而且还将影响世界的未来，为什么这样一本书，能够取得如此巨大的成功呢?

因为这本书讲述了一个真理：

人们都喜欢懂得服从的人！

父母都喜欢听话的孩子！

老师都喜欢听话的学生！

老板都喜欢懂得服从的员工！

对于一个企业来说，有效地服从是一个企业上下协作、精准执行的关键，服从是企业执行力的重要体现，没有服从就没有执行力。

在职场中，有些员工经常会质疑老板和上司，不愿意服从，有些是“口服心不服”，执行起来敷衍塞责，应付了事，其实，出现这些想法，并不是老板的问题，而是员工的态度出现了问题。

身为老板，必然有比员工出色的地方，而且，老板作为公司的舵手，必然是公司里最爱公司的人，所以，老板的决策一般比较高瞻远瞩，想的是整体的利益，而且老板很忙，很难有充足的时间去给员工解释为什么要这样做为什么要那样做，另外，这里面有些事情涉及公司的商业机密，是不能轻易透露的。

因此，老板都喜欢懂得服从的员工。

懂得服从，老板最喜欢“好用”的员工

西点军校是世界上最著名的军校之一，西点军校最崇尚的是两个字：服从！而且，这种服从是无条件的服从，绝对服从！

西点学员在见到学长或者长官时，只能有四种答案：

“报告长官，是！”

“报告长官，不是！”

“报告长官，没有任何借口！”

“报告长官，我不知道！”

身在职场，一定要懂得服从，因为懂得服从的员工最“好用”，老板最喜欢绝对服从的员工。

曾有一位著名的田径教练，每当见到运动员时，他都会苦口婆心地劝运动员把头发剪短，他的理由是：问题并不在于头发的长短，而是在于他们是否服从教练，可见，纵然不懂教练的意图，只要不找借口地服从，就是教练所期望的好选手。

同理，在企业里，懂得服从的员工就是好员工，就是老板眼里的绩优股，在懂得服从的员工眼里，没有为什么要执行，只有精准执行，因此，服从的员工最具执行力，最能精准执行。

为什么服从如此重要呢？因为服从是行动的第一步，服从代表着执行力，服从能把大家汇聚成一个团结一致的整体，从而产生巨大的合力！

全体员工一条心，绝对服从，行动一致，这是老板最愿意看到的场面。这也是最具有生产力的，因为一个服从的企业能够用最低的成本创造最大的价值！

这有个有趣的故事背后有着很深的启示意义：在战场上，有个班长带着一队人

行进，突然，班长在前面的林子里看到了敌人的踪迹！

“卧倒！”

其他人都卧倒了，只有一个人还若无其事地站着，他正在想：“为什么要卧倒呢？战场上连个鬼影都没有！”

然而，就在接下来的一秒钟里，一颗子弹穿过了他的脑袋，他重重地倒在地上，瞬间毙命，原来前面的林子里藏匿着一个敌方的狙击手。

在战场上，不服从的士兵容易瞬间毙命。那么在职场上，不服从的员工会怎么样呢？

有位老板手上有很多期货，准备找准机会出手，好套取大笔现金。

有一天，他终于看准了机会。原来，他手上期货的价格马上就要冲上峰值了，所以他欣喜若狂，立马打电话给手下的员工，要员工立即抛出。

没想到，这个员工却有自己的想法，他认为，现在价格不断上涨，完全可以等冲高点再抛售，多赚到钱老板一定更开心的，然而，5分钟之后，期货价格如跳楼般下跌，老板手里大量的期货再也卖不出去了！

老板以为赚了大钱，在办公室等着员工报喜，一会儿电话铃响，正是那个不服从的员工打来的，老板听了之后脸色铁青，失望地说：“你太让我失望了，明天你不用来上班了。”说完就生气地挂了电话。

本来一件很简单的事情，因为不服从产生了相反的结果，令老板蒙受了巨大的损失，让自己被炒了鱿鱼。

不服从的员工只会让老板蒙受损失，而不会“好用”，其实，老板最需要和最欣赏的员工是会服从的员工，因为老板知道，只有绝对服从，才能精准执行，才能让自己满意！

身在职场，一定要让自己“有用”和“好用”

在如今的管理界流行着一个叫“狼性执行”的概念，备受老板推崇。这个“狼性执行”强调的就是对老板和上司的命令要绝对服从，员工没有不可以，没有为什么，只有服从，不服从就要被炒鱿鱼，就要被踢出局。

狼性执行体现了一个真理：服从出结果，有服从才有执行，有了执行，企业才有利润，有了利润，企业才能生存。

因此，服从是企业的生命线，服从是企业的命脉！很难想象一个没有服从的企业该如何去获得利润，也很难想象一个老板会喜欢一个不服从的员工。

我们在上学期间都学过这样一句话：“长大以后要成为一个有用的人才。”那么，“人才”和“有用”哪一个最重要呢?

也许，有些人会说“人才”最重要，因为21世纪是人才的世纪。可是，如果人才不懂得服从，能有用吗？不懂得服从的人才可以称之为人才吗?

很多人都说自己要做一个有价值的人、做一个有核心竞争力的人，然而，如果不能做到服从，不能精准执行，那么一切都是空谈！

有一家公司里聘用了一个重点大学的高才生，然而，这个人恃才傲物，老板要他往东，他偏要往西；老板要他往西，他偏偏往东。试想，这样的人能为公司和老板创造价值吗?

其实，不管你的学历有多高，经验有多么丰富，能力有多强，如果你不能让老板用得舒心用得顺手，如果你不能创造出价值，那么你的学历、经验和能力都要打个折扣。

因此，身在职场，就一定要把自己的才华和能力变得“有用”，让老板觉得你“好用”，唯有这样，你的职场之路才能一帆风顺，你才能成为老板眼里的绩优股，你才能成为当红的员工！而要把才能变得有用，让自己从“人才”变成“好用的员工”，从而受到老板的器重，唯一的途径就是懂得服从和精准执行。

服从是第一步，然后是执行，因为能力往往体现在执行上。当你能做到精准执行，从而令到老板满意时，你就是“好用”的员工，你就能获得职场成功的加速度，更快升迁，更快成功。

总之，身在职场，一定要让自己“有用”和“好用”。

绝对服从，你就能让自己“好用”。

精准执行，你就能让自己“有用”。

绝对服从，精准执行，你就获得了在职场里成功的万能钥匙，从此以后，无论遇到什么类型的老板，不管做的是什么样的工作，你都能成为最出色的员工，最当红的人！

第三章

没有任何借口，才有精准执行

要成功，就必须精准执行；要精准执行，就必须没有任何借口！借口是成功的绊脚石，借口会让你的人生贴上失败的标签。抛开一切借口吧！让我们踏实做事，精准执行，赢得最大的成功！

稍加留心我们就会发现，任何借口的背后都是失败和困难。

上班迟到了会有借口：交通太堵了，手表坏了，家里的事情太多……

工作没有起色会有借口：工资太少了，老板太不讲理了，制度很不合理……

任务没有完成会有借口：同事不合作，本来就是不可能完成的任务，最近身体不舒服……

被炒鱿鱼了也有借口：不是自己不好，是公司太垃圾了，老板眼睛瞎了，看不出我是个人才……

人生很平庸还有借口：父母没钱，出身不好，世道不好，小人得志……

总之，一切不好的事情都有借口！

然而，如果你想要在职场里成就自己，赢得成功，你就必须没有任何借口！因为要成功，就必须精准执行；要精准执行，就必须没有任何借口。

美国内战开始的时候，林肯一直在为一件事情发愁："谁才是联邦军队指挥官最合适的人选呢？"他先后任用了四名总指挥官，但都没能精准执行自己下达的命令——向敌人进攻，打败他们！最后，林肯选择了格兰特，而格兰特也圆满地完成了这一任务。

有一次，已经成为了总统的格兰特到西点军校视察，有一名学生问他成功的秘密。

"总统先生，请问是西点的什么精神使您勇往直前？"

"没有任何借口！"格兰特铿锵有力地回答。

"如果您在战争中打了败仗，您必须为自己的失败找一个借口时，您怎么做？"

"我唯一的借口是：没有任何借口。"

原来，格兰特能打胜仗的秘密是没有任何借口！格兰特能当上总统的原因是没有任何借口！

那么，你也想像格兰特一样成功吗？如果想，那么你也要像格兰特一样，告诉自己：没有任何借口！

要成功，就没有任何借口！

要成功，就要精准执行！

没有任何借口，才有精准执行！

态度决定工作成就

积极的工作态度能让你乐于执行，精准执行，不找任何借口。拥有了这样的工作态度，你将能取得非凡的工作成就，前途不可限量。

美国成功学家格兰特纳说："如果你有自己系鞋带的能力，你就有上天摘星的机会！"在职场的工作成就如何，取决于你的态度，态度决定你的工作成就，态度决定你人生的高度。

要想赢在职场，首先要调整心态，用卓越的态度来开拓自己的职场成功路。

如果你讨厌你的工作，你会寻找很多借口，来阻碍自己去执行，从而自己阻止自己走上职场上的成功之路。在这样的态度之下，即使你什么都没有付出，也会觉得很累很痛苦。

如果你热爱你的工作，你的身体里会有一种驱动力，促使你去克服各种困难，做到精准执行，从而令老板满意，使自己成功！这种热爱工作的态度，即使付出所有，你也能乐在其中，把努力工作当成是一种享受。

有一个年轻人认为："就算一辈子洗马桶，我也要做一个洗马桶最出色的人！"他的第一份工作是在酒店里当服务员，从一开始，他就准备好了要大展拳脚，好好地干一番事业。

在实习期间，他接到的工作任务是洗马桶。让一个年轻人去洗马桶，他刚开始时感觉受了很大的打击，整天都消极地对待工作。

这时，有一个清洁工帮助了他，她站在他面前，什么话也没说，而是干净利落地洗起了马桶，等马桶洗完后，她从马桶里舀起一杯水，一饮而尽。这个清洁工的工作态度让他很受感动，让他领悟到，即使是再微不足道的工作也能做得很出色。

从此，他发生了脱胎换骨的变化，其中最大的变化来自态度，他不再讨厌洗马桶的工作了，甚至可以说他爱上了洗马桶的工作，他每天数次清洗马桶，一个小小的卫生间被他打扫得极为干净，工作质量无可挑剔！

由于态度上的转变，他使自己的工作达到了精准执行的程度，所以，他在此后的职业生涯里，事业取得了一次又一次辉煌，后来，他的旅馆遍布全世界，他的名字叫作康拉德·希尔顿，他的旅馆就是希尔顿旅馆。现在，国际希尔顿旅馆有限公司每天接待着数十万各国旅客，年利润达数亿美元，雄居世界旅馆业的榜首。

从一个洗马桶的服务生，到美国旅馆业巨头，资产达到数百亿美元，这样的工作成就足以让世人侧目。

希尔顿的工作成就来自工作态度的转变，他的工作态度决定了他的工作成就。

积极和成功的态度，让你拥有不可限量的前途

成功始于良好的态度，有了它，才会有精准执行，才能做出较大的成就。

事实证明，好态度能让你无与伦比，好态度能让你超凡脱俗。爱迪生是很敬业的人，他每天都工作18个小时，他的发明成果不计其数，没人强迫他那么做，是他的态度让他敬业，让他发明，所以，他的财富、他的地位都是应得的。你羡慕他的财富与地位吗？

如果羡慕，那么你可以再问自己一个问题：我具有爱迪生一样的工作态度吗？

有些人一天只工作8个小时，就抱怨自己工作过度了，工作太辛苦了；有些人做出一点点小成绩，就会满足甚至止步不前；很多人没有成功，并不是因为没有能力，而是因为没有具备赢得成功的态度。

想想把马桶洗得干干净净的希尔顿，想想一天工作18个小时的爱迪生，如果你具备了像他们一样的工作态度，你必定能获得伟大的成就！

成功的态度能促使你迅速付诸行动，并做到精准执行，做任何事情都绝不会不了了之，无论如何都一定要赢得一个好结果，让老板满意，让自己满意！

懒惰的和尚当一天和尚撞一天钟，应付了事。这样的和尚没有成功的态度，所以敲钟这样简单的工作执行起来也像是在敲丧钟，没有一点儿生气，所以他成不了住持，更成不了高僧。

懒散的员工只知道得过且过，虽然不迟到也不早退，却很难取得像样的工作成就。对于这样的员工，即使是一件再小再简单不过的工作，交代到他那里，他也会认为做起来困难重重，借口不断。所以，这样的员工既不会成为主管，也不会成为经理，更不会成为老板，他最可能的归宿是，停留在职场的最底层，甚至行走在被淘汰的边缘。因为他没有竞争力，没有执行力，他很容易被替代。

要让自己不可替代，就必须具备精准的执行力，必须具有正确的工作态度，必须要有成功的态度，因为态度决定工作的成就，态度决定人生的高度！

Michael是一家销售公司的经理。在刚进公司的时候，他做事积极，待人热情，工作的态度极为优秀，业绩也很突出，所以不到一年，他便当上了部门经理。

可是，当上部门经理后，他的工作态度却发生了巨大的变化，开始患得患失，挑肥拣瘦。

有一次，他得到公司的内部消息：老板决定派他去执行一项任务。据他得到的消息，这项任务执行起来难度很大，很难完成，属于吃力不讨好的工作。于是，他选择了逃避，在老板指派任务的前一天就请了假。

到了第二天，老板在指派任务时发现他不在，只好把任务交给他的助手，让助手向他转达。助手给他打电话，他却以自己身体不适为借口，助手只好硬着头皮自己去执行了。

他的助手是一个十足的新手，做事没经验不说，做事风格很冒进，再加上这项任务的棘手程度确实很大，所以半个月后，任务也没有完成。

由于他的借口，公司蒙受了巨大的损失，他这个部门经理难辞其咎，老板一气之下便把他解雇了，他只好从头开始。

很多时候，事情没能办成，任务没能完成，并不是负责人无能，而是无为，这个无为的罪魁祸首就是工作态度。

低劣的工作态度会让一个员工在执行前先找不执行的借口，然后拒绝执行，到最后没有执行，碌碌无为，或者执行了，也是应付了事地执行。这样的工作态度，又怎么能让老板满意呢?

更可怕的是，有些人还把这种工作态度看成是精明的为人处世之道。其实，这种态度是在限制这些人的发展，让他们走上一条庸碌的道路。由于有了这样的工作态度，我们就常常会发现，一个本来能当上经理的人，因为有了这种敷衍的工作态度，一直只能当个普通职员。

积极的工作态度刚好相反，它能让你乐于执行，精准执行，不找任何借口。拥有了这样的工作态度，你将能取得非凡的工作成就，前途不可限量。

把工作当事业来做，就能登上成功巅峰

中国第一“打工皇帝”唐骏是一个把工作当事业的人，他具有始终追求卓越成功的工作态度。

刚进入微软时，他只是上千个技术员中的一个，但因为工作态度的不同，他

很快就变得与众不同。在加入微软的第四个年头，他得到了微软的最高荣誉——比尔·盖茨总裁杰出奖。两年后，他被微软授予公司杰出管理奖。又过了一年，他得到了微软的最高奖项——最高荣誉奖。

进入微软后，他用了短短的十年时间，从一个普通的技术员，成为了微软中国区总裁。在成为微软中国区总裁后，他取得了卓著的业绩。在他领导下的微软中国创造了诸多骄人的业绩，单在销售方面，微软中国是微软全球唯一一个连续6个月(2002年7月到2003年1月)创造历史最高销售纪录的公司，微软中国2003财年(2002年的7月到2003年6月30日)成为微软全球82家分公司中销售业绩增长最快的分公司。正因为如此，他的收入也是天价的，超过了1亿元人民币！

为什么他能取得如此成就？因为他具备成功的积极的态度，他拥有精准执行的能力，他对待工作从来都是没有任何借口，再加上他每天都非常勤奋地工作，所以才会取得如此辉煌的成就，得到如此丰厚的回报。

看看他精准执行的业绩吧：

在盛大任职期间，他的业绩有目共睹。他让盛大成为了第一家上市的中国网游商，融资数亿美元。他让老板陈天桥的个人财富飞涨，一度成为中国首富。他一手主导了盛大收购新浪的战役，让盛大成为新浪网第一股东。

正是因为他的精准执行，他的收入也水涨船高，在担任盛大总裁期间，他的收入超过了4亿元人民币。

在盛大取得巨大的成就之后，他还要继续挑战自我，于是在2008年4月15日以10亿元的天价加盟新华都集团，出任新华都的总裁兼CEO。

由于具备把工作当成事业来做的态度，拥有精准执行老板的要求的实力，唐骏成为了中国当之无愧的“打工皇帝”，登上了事业的一个又一个巅峰！

身在职场，如果你也能像唐骏一样具有积极的工作态度，从不寻找借口，而是想办法精准执行，拿出骄人的成绩，那么，你也一定能像他一样取得卓越的成就，享受丰厚的回报！

兴趣不能成为执行不精准的借口

借口是成功的绊脚石，借口会让你的人生贴上失败的标签。抛开兴趣等一切借口吧！让我们踏实做事，精准执行，赢得最大的成功！

平庸的员工在执行面前总是能找到一大堆不愿意去精准执行的借口和理由，而那些职场成功人士则从不寻找借口，而是主动寻找一切有助于精准执行的方法，从而使任务更快地完成，取得圆满的结果。

在平庸的员工所寻找的借口里，有一个借口非常醒目，它的名字叫作“兴趣”。确实，从表面上来看，兴趣可以说是一个冠冕堂皇的借口。

然而，如果你想赢在职场，那么兴趣就绝不能成为你的借口，身在职场，兴趣更不能成为你不执行或者执行起来应付了事的借口！只要去执行了，就一定要精准执行，赢得最好的结果！

执行面前，没有任何借口。除非你不再愿意成为一家企业或者一个组织的一员，否则，你绝不能以“兴趣”为借口拒绝执行。

事实上，兴趣并不能成为你不去执行的借口，更不能成为你应付了事的理由。

前面我们提过希尔顿在初入职场时洗马桶的故事，试想，他能把马桶洗得干干净净，把洗马桶的工作做得无可挑剔，难道是因为兴趣？

也许有些人喜欢天天洗马桶，但希尔顿显然不是这样的人，他绝不会视洗马桶为兴趣，更不会喜欢喝马桶里面的水。既然他对洗马桶没有兴趣，那么他为什么能把洗马桶的工作执行得如此出色，如此精准呢？

原因是，对希尔顿来说，执行没有任何借口，因为他知道，要成功，就不能有任何借口！

正因为不找任何借口，而是事事都追求精准执行，所以希尔顿才能成功，身家百亿！

希尔顿的成功，还告诉了我们这样一个道理：兴趣绝不应成为借口！任何东西都不能成为不执行或者应付了事地执行的借口，因为身在职场，执行才有成果，精准执行才能赢得未来，成就卓越！

不把兴趣当借口，一心只把事做好

有位亿万富翁，他人生的第一份工作是修鞋，当时他才13岁，初中还没有毕业。尽管他明白修鞋子并非他喜欢的工作，修鞋子更不是他的兴趣，但他还是干得非常出色。

每天，他都早出晚归，走街串巷，为人们修鞋子，工作虽然很辛苦但他感觉很有意义。虽然修鞋子在有些人看来是一项有些“丢脸”的工作，但他却做得很专心，不但动作熟练，而且每次为别人修鞋子都很用心，使修好的鞋子质量非常可靠。

他修鞋子的活儿质优价廉，很快便做得很有起色，有很多人竟然舍近求远来找他修鞋子。他把修鞋子这份工作执行得精准到位，所以每个客户都很满意。

后来，他在修鞋子的时候发现了商机，于是便开了一家门面店，主要是卖电器。很快，他就觉得开一家小门面店有些小打小闹成不了气候，于是就和别人合伙开了一家开关厂。

其实，当时的他既不懂开关的技术、质量标准，又没有设备、技术、人才，对于电器，他更是一窍不通，可见这对他来说并不是兴趣，至少刚开始并不是他的兴趣。然而，就这样他还是把开关厂红红火火地办了起来。

到1990年，开关厂赢利已达200万，产值有1000万。1991年，他与美商合资，建立了一家中外合资企业。两年后，也就是1993年，这家企业的年销售收入达到5000多万元。而他也从一个修鞋的穷小子变成了亿万富翁。他就是正泰集团股份有限公司的董事长兼总裁南存辉。

希尔顿成功了，他没有把兴趣当作借口，而是精准执行，把马桶洗得干干净净，所以最终成为了旅馆业巨头。

南存辉成功了，他没有把兴趣当作借口，而是精准执行，让很多人舍近求远地来找他修鞋，然后又把开关厂经营得全国乃至世界闻名，并为自己带来了数亿美元的资产。

所以，兴趣并不是你执行不精准甚至不愿意去执行的借口，无论你面对什么样的工作，只要你用心去做，做精准做到位，你就一定能做得非常出色，就一定能够成就卓越的自己！

身在职场，绝大多数员工都希望自己能在职位和薪酬上更上一层楼，换言之，都希望自己能有一个更好的前途。然而，要想有好前途，就必须具备精准执行的能力，拥有不找借口找方法去执行的态度。如果当老板交代一项你不喜欢的或者难度较大的工作任务时，你却以“这不是我的兴趣，我不做”为借口拒绝，那么你很难有一个好的前途。身在职场，要成功，就要精准执行，把最好的结果拿出来给老板！

其实，你做的工作应该比在卫生间里洗马桶要体面得多，比在大街上摆地摊修鞋子要体面得多，所以，你不需要将“兴趣”作为借口，而只需要做一件事情，那就是不找借口，精准执行。

借口是成功的绊脚石，借口会让你的人生贴上失败的标签，抛开兴趣等一切借口吧！让我们踏实做事，精准执行，赢得最大的成功！

不找借口找机会，果断精准地执行

诚然，兴趣是成功的一个条件，但兴趣并非天生。很多做出伟大事业的成功人士，都是不找借口，迅速执行，通过精准执行走上了成功之路的。

王永庆出生在一个茶农之家。小时候，他家里生活贫困。他的祖父在临死前告诉他说："看来靠种茶是难以为生的，你应该离开家乡，去外面闯一闯。"

这时候的王永庆没有什么兴趣爱好，也不知道自己该干些什么。于是在15岁那年，他听从了祖父的话，离开老家去了县城，在一家米店当了个小工，主要工作是送米。

王永庆很聪明而且很有上进心。每天除了送米之外，他还向老板学习经营米店的窍门。当然，老板不会主动教他，一切都得靠他自己留心和用心学习。

到了第二年，自感学到了经营窍门的王永庆离开了这家米店，借钱开了自己的米店。

由于是新开的米店，所以鲜有顾客登门买米，因此王永庆的米店显得很冷清。既然生意不主动找上门来，王永庆便主动地挨家挨户走访当地居民，慢慢地才有了几家顾客。

为了吸引更多居民买自己的米，王永庆主动为顾客送米上门，在做生意上，王永庆有他的独到之处。比如，他会很注意顾客用米的情况，一般顾客家里有多少人，一天吃多少米，他都有记录，所以，如果顾客马上要用完米了，不等顾客上门买米，他就会主动地把米给送过去。除此之外，他还提供很多免费服务，诸如为顾客清洗米缸等。

很快，他的米店的生意便兴旺了起来，于是，他又开了一家碾米厂，买进稻子然后碾米出售。这样做不但利润更高，而且大米的质量也有很好的保障。所以，王永庆的生意越做越红火，钱赚得越来越多。就这样，他赚到了第一桶金。

其实，开米店卖米并不是王永庆的兴趣，但王永庆却依然做得有声有色，因为他的目的很明确，就是赚钱，而米店的生意他很熟悉，所以他决定开米店。

由此看来，王永庆做生意并不是以兴趣为导向的，他开米店是因为自己对米店的生意有把握，能赚钱，加上他的差异化经营和良好的售前售后服务非常出色，所以吸引了越来越多的顾客。

后来，抗日战争胜利了，台湾经济复苏，尤其是建筑业。王永庆看准机会，转而做木材生意，获利5000万，赚到了第二桶金。那时，他已经是当地很有名气的商人了。

王永庆从送米的小工到有名气商人的转变，靠的不是兴趣，而是眼光和精准执行。面对任何困难，他都从来不会去寻找任何借口；他从来不会因为不是自己的兴趣而选择不做，他一旦看准时机，就会迅速踏实做事，精准执行，然后成为最大的赢家。

由于木材生意很容易获利，所以做木材生意的人越来越多，导致竞争越来越大激烈，利润便逐渐下降。看清了这一形势后，王永庆毅然退出了木材行业。

接下来要干什么呢？站在人生十字路口的王永庆这时候依然没有让自己的兴趣做主，而是通过周密的市场调查，以市场需求为导向，开拓自己未来的事业。

经过周密的市场调研，王永庆决定投资台湾塑胶业。为了做这个决定，他请教了很多专业人士，最后，他的结论是台湾烧碱生产地众多，每年有70%的氯气可以回收利用来制造PVC塑胶粉，这是发展塑胶工业的一个利好条件。所以，他不顾亲友劝阻，毅然投身塑胶业。

1954年，他和商人赵廷箴合作，筹措了50万美元资金，创办了台湾第一家塑胶公司台塑公司。

1957年4月，工厂建成投产，首批产品有100吨，在台湾却只卖出了20吨。庞大的库存几乎使王永庆破产。

按照经济学常识，这是明显的供大于求，本来应该缩减生产规模，可王永庆却要反其道而行，下令扩大生产。

王永庆的这一做法不是一般人能看得懂的，于是，生意合伙人都纷纷退出，王永庆却背水一战，变卖了全部财产，把台塑公司变成了他自己的独资企业。

其实，王永庆扩大生产的做法是经过深思熟虑的。他研究过日本的塑胶产业，当时日本的PVC塑胶粉产量是3000吨，而日本的人口不过是台湾的10倍。他从中看出了问题，不是供过于求，而是有其他的原因。经过对比，他发现，他的塑胶产品卖不出去是因为价格太高了，所以他要扩大生产，降低成本，刺激销售。 为了获得更好的利润和销售的方便，第二年，王永庆投资成立了南亚塑料公司，将塑胶原料加工成成品出售。

事实证明王永庆是正确的。价格降低了，销路也打开了，王永庆的台塑公司和南亚公司都获得了巨大的利润。王永庆旗下产业的塑胶粉产量从最初的1200吨飙升到现在的100万吨，他的公司成了世界上最大的PVC塑胶粉粒生产企业。在1978年，台塑公司的营收业绩突破10亿美元。

他在塑胶行业站稳了脚跟后，又去寻找新的商机，这一次，他选择吃回头草，进军木材市场，理由是：当时台湾木材销路很好，所以商家大肆砍伐木材，可是这些木材并没有被全部利用，被利用的只是树干部分，剩下的部分全被浪费掉了。

商机就出现在这些木材被浪费的部分：当时台湾的棉花产量严重不足，一直依靠进口，于是王永庆便想，如果把废弃在山上的木材利用起来，制造人造纤维，那么在市场上一定能大有可为。发现了商机，王永庆便不找任何借口，果断执行，在1964年10月，王永庆创办了台湾化学纤维工业公司，从事木材生意，后来，他又一次获得了巨大的利润！

1988年，在福布斯富豪榜上，王永庆的资产达到了40亿美元，在2008年的富豪榜上，他的身家又增添了28亿美元。

从送米小工到亿万富翁，王永庆的成功轨迹说明了一个真理：兴趣不是不执行的借口，要想成功，就不能拿兴趣做借口，王永庆就是这样，他不找借口找机会，找着商机后就果断而精准地执行，所以他取得了一个又一个巨大成功，赢得了一笔又一笔巨额财富。

这也启示我们，在职业生涯中，唯有不找借口，精准执行，才是职场的成功之道！

没有不公平，只有你还没能精准执行

没有不公平，只有你还没能精准执行；当你能够精准执行，你就不会感到不公平。要公平，你就要比别人做得更好；要公平，你就要比别人做得更多；要公平，你就要比别人做得更精准；要公平，你就要比别人做得更完美！

在职场中，这样的情形有些人也许会遇到：和自己一起进入公司的同事都升职了，涨薪了，自己还在原地踏步，甚至有被解雇的危险。这时，这些人可能会觉得很不公平，于是抱怨老板，抱怨同事，抱怨所有能抱怨的人，唯独不从自己身上寻找问题的根源。

你也有过这样的经历吗？你是否也抱怨过自己受到了不公平的待遇？你是否有时候也认为自己更应该获得晋升或者加薪的机会，然而，老板却常常将你忽略？

是的，在职场中很多人都有过抱怨，抱怨老板、抱怨公司、抱怨领导、抱怨同事、抱怨下属，感觉别人获得青睐而自己却被忽视，这非常不公平。

其实，只要你做到了精准执行，你就不会抱怨不公平。因为只要你具备了精准执行的态度和能力，老板必定会主动给你加薪和升职，你也就不用寻找借口和抱怨不公平了。

职场中的所有成功人士都会告诉我们：

要公平，你就要比别人做得更好；

要公平，你就要比别人做得更多；

要公平，你就要比别人做得更精准；

要公平，你就要比别人做得更完美！

要想公平，就要比别人更精准和完美

有个员工名叫卡洛，在他最初为汽车制造商杜兰特工作时，他的职务很低微。

虽然职务很低，但卡洛依然想为老板杜兰特先生提供帮助。为此，他处处留心。工作一段时间后，他发现每天晚上杜兰特先生都会工作到很晚，而那时候公司的其他员工都已经下班了，当杜兰特先生需要帮助时，却没有人在公司里。

卡洛觉得这是一个很好的机会，于是每天下班后，他都会待在公司里，翻阅各种资料，虽然没有人要求他留下来，公司里也不会为此多付给他工资，可他还是这样做了。慢慢地，他对公司已经了如指掌，从某个角度上说，他甚至比老板杜兰特还要了解这家公司。

每天下班后，卡洛都留在公司里，杜兰特先生需要帮助时，他就提供帮助，这使得杜兰特先生都有些依赖他了。而且，他在下班后的细心阅读，使得他的工作技能也有了很大的提升。渐渐地，卡洛将自己的能力全都展示给了老板杜兰特先生。杜兰特自然看到了卡洛的能力，于是等到有合适的职位空缺时，杜兰特最先想到的便是卡洛。

如今，卡洛已经是杜兰特下属的一家汽车经销公司的总裁了，是杜兰特先生最信赖的左膀右臂，比起刚进公司时，他的工资已经翻了十几番。

和卡洛同时进入这家公司的一些同事，看到了卡洛的青云直上，心里感觉很不平衡，抱怨老板做事不公，认为自己没有哪一项能力比不上卡洛的，凭什么卡洛能不断被提拔，不断被加薪呢？有了这样态度的同事，如果能了解到卡洛在下班后一直在做着额外的付出，在下班以后还坚持学习，在下班以后还持续地为老板提供帮助，无论做什么事情都尽可能地精准执行，从而让老板看到自己的能力、态度和潜力，也许就会心服口服，不再抱怨不公平了。

如果一个员工每天只是做一些常规性的工作，只是把自己的工作局限在八小时的正常工作时间内，那么这名员工就不应抱怨老板会给一个经常加班的员工更高的薪水或者更高的职位。

如果一个员工在对待工作的态度上是应付了事，得过且过，能躲则躲，那么这名员工就不应去眼红一个把工作当作事业的人得到的优厚待遇和显赫职位。

要想公平，就要做得比别人更多，更好，更精准，更完美！

用精准执行，将“不公平”化为“公平”

没有不公平，只有你还没能精准执行；当你能够精准执行，你就不会感到不公平。如果你觉得不公平，说明你还没能精准执行。这时，你就应该追求做得更好，把成绩做出来，让老板满意，使老板让你觉得公平。

让我们来看看曾被称为全球第一CEO的管理大师杰克·韦尔奇是如何通过精准执行，把不公平变为公平的。

故事一：不公平的待遇

杰克·韦尔奇是在1960年10月17日进入美国通用电气公司开始自己的职业生涯的。

进入公司没多久，杰克·韦尔奇就接到了他的第一项任务——找到一个制造PPO（一种用于化工的新材料）的示范场地，然后把工厂建起来。

为了找到合适的场地，杰克·韦尔奇没少花心思，费尽九牛二虎之力后，他终于找到了合适的地点——皮茨菲尔德一座破败的楼房。

找到场地后，他和另外一名化学专家开始着手建立工厂，整个工程耗时一年，为了把工作执行得尽善尽美，杰克·韦尔奇倾尽了心血与精力。

竣工后，由于工作完成得极为出色，杰克·韦尔奇赢得了很高的年度评价，他心里高兴极了。然而，等奖金发到手里时，他却一点儿都高兴不起来了，原来，他拿到的奖励是1000美元，和其他人一样。很多人的工作成绩都比不上自己，凭什么拿和自己一样的奖金？杰克·韦尔奇感觉这很不公平。

可是，当时通用电气公司的规定是：只要团队表现杰出，无论个人表现得好与坏，每个人都能得到同样的加薪。

对此，年轻的杰克·韦尔奇感觉非常窝火，比别人付出的多得多，比别人做的好得多，却还和别人拿的奖金一样多，杰克·韦尔奇觉得自己的努力和付出并没有被公司承认，当时年轻气盛的他想到了辞职。

幸好，事情很快出现了转机，由于杰克·韦尔奇对任务的执行太出色和精准了，所以公司的领导都很喜欢他，尤其是他所在部门的负责人鲁本·古托夫。

听到杰克·韦尔奇即将离职的消息，鲁本·古托夫决定不惜一切代价也要留住这个与众不同的年轻人。要知道，没有哪位领导和老板会拒绝一个能精准执行的员工的!

接下来，鲁本·古托夫向杰克·韦尔奇承诺，他将使韦尔奇不受官僚作风的纠缠，并将利用大公司的资源为韦尔奇创立一个小公司的工作环境。

“相信我，只要我在公司一天，你就能利用大公司最好的部分进行工作，最差部分将离你远远的。”这是当时鲁本·古托夫对杰克·韦尔奇说的话。

杰克·韦尔奇没有离职，他继续留在了通用电气公司工作，但他决心通过自己的精准执行，把“不公平”变成“公平”。

故事二：精准执行，创造利润，青云直上

由于执行得力，能力出众，杰克·韦尔奇成为了PPO工艺开发项目领导人。在克服了重重困难之后，他制成了一种耐高温并很容易塑形的塑料制品：诺瑞尔。

1965年，通用电气公司投资1000万美元，建立了一座诺瑞尔加工厂。由于诺瑞尔的市场前景并不确定，所以没有人愿意主动请缨担任诺瑞尔加工厂的负责人。于是，杰克·韦尔奇毛遂自荐，当了这个厂的负责人，准备大干一番。

虽然杰克·韦尔奇对诺瑞尔的性能充满了自信，可执行起来还是充满了艰辛。首先，通用电气公司内部的员工就不相信诺瑞尔替代金属的可行性，为此，他用诺瑞尔制造了一个电动罐头起子，用以展示给公司的员工们看。

接下来，杰克·韦尔奇对诺瑞尔的推销非常成功，因为推销诺瑞尔的成功，杰克·韦尔奇于1968年当上了聚碳酸胺脂和诺瑞尔两种塑料制品部门的领导人，成为通用电气公司最年轻的一位总经理。

为了推动塑料事业的发展，杰克·韦尔奇想尽了各种方法来展示塑料制品的优越性。为此，他还别出心裁地制作了一则广告来推销自己的塑料产品。

在该广告里，一对野牛冲进了一家瓷器用品店，野牛狂野地四处冲撞，使得店里几乎所有东西都被撞得粉碎，只有杰克·韦尔奇的塑料产品却完好无损。

广告获得了巨大的成功，杰克·韦尔奇的塑料产品销售火爆，为通用电气公司创造了巨大的利润。为此，他负责的塑料企业首次升格为通用旗下的一个“部级”企业。

1971年底，杰克·韦尔奇成为了通用化学与冶金事业部的总经理。当时的总裁雷金纳德·琼斯是一个对下属要求严格得近乎苛刻的人，然而，杰克·韦尔奇却能不断地用自己的精准执行，去打消了琼斯对自己的一个又一个疑惑！

1979年，杰克·韦尔奇成为通用电气公司副董事长。1981年4月，他成为了通用电气公司历史上最年轻的董事长和CEO。

故事三：大刀阔斧，把“不公平”改革为“公平”

杰克·韦尔奇在加入通用电气公司的第一年就受到了不公平待遇，所以在当上通用总裁之后，他就决心大刀阔斧地实施改革，要把不公平改革为公平，让每一位员工都能感受到公平。

杰克·韦尔奇改革的第一个动作是精简机构。他将原来公司管理的8个层次减到4个层次，甚至3个层次，还撤换了部分高层管理人员。

他的第二个动作是整合。他砍掉了公司25％的企业，削减了10多万份工作，将350个经营单位裁减合并成13个主要的业务部门，卖掉了价值近100亿美元的资产，并新添置了180亿美元的资产。

为了对员工公平，他自创了“活力曲线”：他把员工分为三类，20％的员工是最好的，70％的员工处于中间，10％的员工是最差的。最好的员工会立即得到激励或升迁，最差的员工必须马上走人。

在杰克·韦尔奇对一系列措施的精准执行下，通用电气公司的市值由他上任时的130亿美元上升到了4800亿美元，从全美上市公司第十位发展成为盈利能力全球第一位。

杰克·韦尔奇在通用电气公司的生涯是精准执行的生涯。通过精准执行，杰克·韦尔奇从初入职场时遭遇到不公平待遇，到后来的世界上薪水最高的CEO，不但让自己感觉不到不公平，还让公司里的员工感觉不到不公平。

当你感觉到不公平的时候，不妨像杰克·韦尔奇一样尽最大努力地精准执行，比别人做更多的事情，把事情做得比别人更精准更完美，这样，不公平的感受永远也不会降临到你身上。

工作任务虽有难易，执行绝不挑肥拣瘦

成功者不但不会逃避难度大的工作，甚至会主动去选择很有挑战性的工作，全力以赴地完成好。如果你想完成从普通员工到成功人士的蜕变，就要不畏艰难，竭尽全力，精准执行。

工作虽有难易之分，执行绝不能挑肥拣瘦，这是对员工最基本的要求。不找借口找方法，排除万难去执行，只有这样的员工才能赢在职场，成就自己。

有这样一家劳动密集型企业，工作难度不高，福利很有保障，只要进入这家企业，就相当于端上了铁饭碗，然而，即使是在这样的对很多人来说是好单位的企业里，还是有一些人没有好好珍惜，从而被企业辞退。

赵光明就是被这家企业辞退的一名员工，为什么他会被辞退呢？我们先来看看他平时工作上的表现。

在平日的工作里，赵光明对上司交代的任务总是喜欢挑肥拣瘦，碰到相对容易的工作任务就去做，遇到难度较为大一点的他就寻找借口躲避。针对他的工作态度，他的上司跟他谈过好几次，然而，他还是没有多大改观。最后，企业只好把他辞退了。

其实在职场中，像赵光明这样的员工并不鲜见。他们对工作任务爱挑肥拣瘦，爱斤斤计较，爱避难就易。然而，无论是哪一个老板和领导，都不会喜欢这样的员工！

对工作任务挑肥拣瘦，是因为这名员工把工作分成了两种：相对较难的和简单容易的。一旦对工作区分了难易，工作起来就容易挑肥拣瘦，如果分配到有难度的

工作，就找借口不去执行；如果分配到相对简单的工作，就心存轻视，从而很难做到精准执行，不可能获得一个好的结果。

麦克一直都是一名很善于精准执行的员工，对于工作从不挑肥拣瘦。由于他从事的是业务工作，并为公司创造了很大的价值，所以他很受老板的器重，然而，一次偶然的事件却改变了他对工作的看法。

这件偶然事件的过程是这样的：有一笔他负责的业务，原本他以为自己能100%拿下的，没想到别人捷足先登，先于他拿下了这份订单，使公司丢了一项业务，受到了一定的损失。最后，他向老板解释了原因，当时他的腿伤发作了，因此晚到了半个小时，老板知道他说的是实话，了解到他带伤工作，很受感动，不但给他发了全额奖金，还额外给他奖励。

没想到，麦克对此却理解歪了，他居然想，原来工作可以做得如此轻松呀！一个小小的借口还能让自己多拿钱，看来以后不用像以前那样拼命工作了。

后来，每次公司里分派任务，他都会先在心里打个小算盘，看这个工作任务难不难，难的话就找借口不去执行，容易的他就把任务接下来。

公司里经常有人因为没把很困难的事情做好而受到处罚，麦克把这些都看在了眼里，并为自己只挑容易去完成的任务从而没有出错而庆幸。

时间长了，麦克有些得寸进尺了：困难的工作他还是继续躲避，后来即使是很容易完成的工作，他也开始寻找借口，能躲则躲了。

刚开始老板并没有在意，但时间一长，麦克的业绩直线下滑，老板才知道了麦克变成了一个挑肥拣瘦、借口满天的员工。

终于有一天，忍无可忍的老板只好把麦克辞退了。

很多老板都是从基层干起，通过精准执行一步一步走上成功之路当上老板的。老板知道什么样的员工才是好员工，老板知道自己喜欢什么样的员工。尽管每个老板喜欢的员工的类型会不一样，但有一点可以肯定：没有人会喜欢一个总是找借口的员工！

不找借口找方法就是排除万难去执行。只有这样的员工才能赢在职场，成就自己。因为在这样的员工眼里，工作任务虽然有难易之分，但只要是老板或者领导交代的工作，他们都会尽自己的最大努力去执行，并执行精准，做出尽可能完美的结果，让老板满意，让自己体现更大的价值。

难度越大的工作越能证明你的实力

有些人可能会忽略这样一点：难度较大的工作是你很好地证明自己的能力、使你获得升职和加薪的台阶。

试想，如果你完成的任务，别人也能很容易地完成，公司为什么要给你升职呢？老板先行提拔你，是因为觉得你比别人更加胜任，如果你的能力不足以服众，那么即使升了职，也不容易赢得下属和同事的支持和尊重。更重要的是，不容易把工作做好。

所以，工作虽有难易之分，执行绝不能挑肥拣瘦，这是对员工最基本的要求。事实上，很多成功人士不但不会逃避难度大的工作，甚至会主动去选择很有挑战性的工作，全力以赴地完成好，如果你想完成从普通员工到成功人士的蜕变，就要不畏艰难，竭尽全力，精准执行。

有一家研发和销售高科技产品的公司的老板想提拔一个下属担任销售经理。但是，在他欲考察的几个候选人员里，目前还没有哪一个有足以服众的成绩可以拿出来，为此，老板决定分派一个有难度的工作给这几个候选人去执行。谁执行得好，谁就能坐上该经理的座椅。当然，老板并没有让除了自己之外的人知道自己的这个打算。

第二天，老板把自己最看重的那名员工找来，让他去一个很偏僻的地方开拓市场。这个员工想，该地方穷乡僻壤，购买力严重不足，哪里会有市场？如果按老板的话去做，只能会吃力不讨好，是在做无用功，所以他想了想，然后找了一个借口拒绝了老板。

老板有些失望，但没有灰心，他又找来了第二位候选员工。没想到，这位员工也找借口回绝了老板。老板接着找来的几名候选员工都没有愿意去执行这个看上去很吃力不讨好的差事。

最后，无可奈何的老板只好把这个任务交给约翰去做，因为在老板印象中，约翰虽然个人能力不如之前的那些候选人，但他从来不会对工作挑肥拣瘦，有任务他就马上去执行，从来不找借口躲避。

从老板的办公室出来，约翰带了一些样品出发了，虽然他也认为在那个穷乡僻壤不会有很大的市场，可他还是上路了，因为他是从来都不会找借口，而是尽最大努力去执行的人。

约翰来到当地，发现这个地方果然一穷二白，可他没有灰心，而是很细心地去做了市场调查，调查之下，他有了意外之喜。

原来，虽然这个地很穷，可商机恰好就出在这个"穷"字上。第一，因为穷，而且很偏僻，因此当地没有其他的商家来销售同类产品，基本上不存在竞争；第二，因为穷，所以当地居民都想改变，故而他们对高科技产品有着很强的购买欲，希望借此改变他们的生活；第三，虽然穷，可是就当地农民的购买能力来说，他们买约翰公司的产品还是绰绰有余的，而且当地居民人口庞大，销量一定很可观。

约翰大为振奋，他拿着样品走街串巷，挨家挨户去演示，把产品的性能和优越性都展示给当地居民。不出两个月，他就拿到了5万份订单，一份订单一个产品，一个产品是200美元，他一下子就拿到了1000万的销售额，按照5%的提成来算，他能获得50万的提成！

约翰欣喜若狂，他带着5万份订单回到公司时，不但老板大吃一惊，公司里的那些优秀员工也大为懊悔。

老板在吃惊之余，也不禁对约翰刮目相看，同时，老板也很欣慰，因为他终于找到了销售经理最合适的人选！

很快，约翰便领到了50万的提成，外加5万奖金，没过几天，他又被正式任命为公司销售经理，年薪70万，还有丰厚的奖金外加年底分红。

工作任务虽有难易，执行绝不能挑肥拣瘦，只有不找借口找方法，努力去执行老板交代给自己的任务，并能精准执行，你不但能超越老板的期望，你还能超越自己的期望，在众人中脱颖而出，成为团队里的佼佼者。

功劳重于苦劳，结果最为重要

职场没有苦劳，功劳和好结果最为重要。要取得功劳，就必须通过精准执行，让老板满意，让公司因为你而赢利，或者解决掉一个又一个难题，证明你的价值和能力。

在职场中，有些员工很想知道这些问题的答案：在一个单位里，究竟是功劳重要，还是苦劳重要？还是苦劳与功劳一样重要？

其实，绝大多数职场资深人士都明白：功劳和苦劳都很重要，但是，功劳要远重于苦劳，甚至在一些企业里，不重苦劳重功劳，不重过程重结果。

在所有企业里，能精准执行，做出成绩的员工，就是优秀的员工；没能精准执行，没有做出成绩的员工，即使付出了再多的苦劳，也不会被嘉奖。

例如，一名员工用公司提供的1万元作为成本，费尽九牛二虎之力，才完成了一件价值100块钱的事情，最后公司还要给该名员工支付3000块钱的工资。试想，如果你是老板，你愿意雇用这样的员工吗？答案显而易见。

是的，苦劳固然令人感动，可是苦劳若没能转化成功劳，甚至还令公司蒙受了损失，那么再大的苦劳也毫无意义，甚至还会让自己陷入职场困境。

职场没有苦劳，功劳和好结果最为重要。要取得功劳，就必须通过精准执行，让老板满意，让公司因为你而赢利，或者解决掉一个又一个难题，证明你的价值和能力。

功劳重于苦劳，甚至只有功劳没有苦劳

有时候，我们在职场中会听到类似于这样的话："我来公司这么多年，虽然没有做出什么成绩，但没有功劳也有苦劳，我认为我对得起我领的工资！"

什么叫"虽然没有做出什么成绩，但没有功劳也有苦劳"？在职场里，功劳重于苦劳，结果最为重要，衡量员工的主要标准是业绩，也就是执行的结果，没有结果，就没有苦劳，也没有功劳。

举一个例子：员工甲住得离公司很远，每天早上6点从家里出发，然后在路上花费2个多小时才能来到公司上班；员工乙住在公司附近，5分钟之内就能轻松地来到公司。相比较之下，难道我们应该说员工甲的苦劳比员工乙的大，所以员工甲应该比员工乙领更多的薪水，更早得到晋升的机会？

美国麻省理工学院的教授迈克尔·哈默认为："勤奋现在已经无关紧要了，劳而无功算不上是美德。"换言之，劳而无功等于没有"劳"，苦劳等于什么都没有完成，只有结果才重要。

某企业里有一个财务总监，从入职以来，他努力了10多年，才从一个普通的财务人员晋升到财务总监的位置，虽然他坐上了财务总监的位置，可他的能力跟初入职场相比其实没有提高多少，然而，他却经常认为自己资历最老，所以即使没有功劳，也有苦劳，虽然自己在公司里无甚作为，也没感觉到危机。

后来，公司招聘了一批新人，财务部也招进来了一名新员工，一个从名牌大学毕业的女生，能力很强。

公司有一种规定，老员工要帮助新员工更快地融入公司，所以作为财务总监，他有义务也有责任帮助新同事，在相处的过程中，他发现新来的女同事不但精通财务，外语和营销能力都强过自己很多，他感到了威胁，但他还是倚老卖老，不以为意。

新来的女同事执行起工作来很精准，由她经手的账目准确清晰，一目了然，反观这个财务总监，他经手的账目频频出错，害得公司损失了好几家客户。

然而，事情到了这种地步，这个财务总监还是没有开始深刻反省自己，在他看来，不管该女同事有多么出色，做出多少成绩，她的资历还是远远不够，还没有足够的苦劳，所以对自己的位置形成不了什么威胁。

可惜他错了，其实公司老板早就想提拔这个新来的女同事，然后让这个财务总监提前“退休”了，只是没找到机会提出来而已。后来，该女同事的工作越来越出色，不断创出新成绩，财务总监却还是小错不断，最后，老板终于忍无可忍，便把该女同事提拔为了公司新的财务总监，原来的财务总监则被解雇了。

在职场中，功劳重于苦劳，甚至只有功劳没有苦劳，在结果和成绩面前，资历和苦劳有时候只能靠边站！

公司要运营得好，就需要每个员工都能精准执行，拿出好结果，做出好成绩，公司要生存和发展，就要靠利润的支撑，利润来自哪里？来自员工执行的成果上，员工执行有成果，企业发展才蓬勃。

所以，老板最青睐的往往是懂得精准执行创出成果的员工，而不是只有苦劳的员工。

经常用成果证明自己的不可替代

在网络上曾有过这样一个“PK”，PK的话题是：假如唐僧团队要裁员，会先裁掉谁?

唐僧是团队领导人，虽然性格坚韧、目的明确（一心取真经），而且心无旁骛讲原则（不为美色所动），但是为人懦弱且拿不定主意；孙悟空是团队的中流砥柱，能力最强，业绩最突出，但是太有个性而且很叛逆，经常不服管束；猪八戒为人圆滑，好吃懒做，干活时拈轻怕重，且喜爱美色，还贪财，意志力不坚定，坏毛病不少，投机取巧；沙僧老实肯干，做事踏实勤恳，任劳任怨，但呆板木讷，没有什么成绩。唐僧团队里的三个人，各有优劣，到底该裁谁呢?

针对这个问题，有两个职场专家，提出了各自不同的观点——

执行力培训专家蒋小华认为应该先裁猪八戒，理由有4个：

1. 猪八戒吃得多（薪水高），产出少，价值偏低；

2. 猪八戒拈轻怕重，投机取巧，容易误事，缺乏责任感；

3. 猪八戒游手好闲，经济不好就吵闹着要回高老庄，影响团队稳定；

4. 猪八戒打小报告，搬弄是非，挑拨离间，影响团队协作。

经营专家郃昌宝认为应该先裁沙僧，理由有3个：

1. 沙僧虽然任劳任怨埋头苦干，却业绩平平，甚至可以说没有成绩；

2. 没有创意，缺乏创新精神，缺少主观意识，没有了领导就无所适从；

3. 沙僧挑的担子可以交给小白龙来背，这样可以节约开支。

支持蒋小华，希望裁掉猪八戒的网友有4108个人。

支持郃昌宝，希望裁掉沙僧的网友有1864个人。

没有一个人提议裁掉孙悟空。

除了猪八戒和沙僧，只剩下唐僧和孙悟空两个人了，唐僧是老大，没有唐僧就群龙无首，队伍就散了，所以唐僧不能裁掉，那么孙悟空为什么不能被裁呢？因为孙悟空很有执行力，执行很精准，很善于拿出结果，所以孙悟空不可或缺，难以替代。

那为什么要裁掉猪八戒和沙僧呢？从上面的理由里面不难找出答案：

猪八戒好吃懒做，吃得多，没产出，还经常闯祸，动不动就吵着散伙回高老庄，所以留着猪八戒就等于让唐僧团队持续亏损，虽然猪八戒也很有苦劳，但猪八戒是略有苦劳，执行的结果却等于负值，相当于没价值。

沙僧任劳任怨，干得多，价值却相当于一个挑夫，贡献只是挑行李之类的小活，所以沙僧苦劳最大，沙僧执行的结果是略有价值，但也仅仅是一个挑夫的价值。

这里有一点要解释一下，那就是沙僧和猪八戒在降妖除魔上的价值，比起孙悟空的贡献，他们在这方面的价值几乎可以忽略不计，所以上面没有考虑。

当然，唐僧团队的裁员PK是虚拟的，但至少证实了大多数人都赞成“功劳重于苦劳，结果最为重要”的道理。

要想让自己赢在职场，成就自己，就尽可能地让自己像孙悟空一样不可或缺。如何做到呢？精准执行，创造功劳，经常拿出执行的成果。

在现在的社会上，有很多企业陷入困境，就是因为领导者没有“苦劳等于没有结果，有结果才是第一”的意识。

著名的IBM公司曾一度亏损严重，入不敷出，这个时候，路易·郭士纳出任IBM公司的董事长和CEO。

郭士纳相当于一个救火队员，他面临的第一个问题就是找出IBM亏损的问题所在，然后解决这个问题。

没多久，郭士纳就找出了问题的症结所在：IBM之所以亏损，是因为公司养着很多只有苦劳的“冗员”，于是郭士纳决定裁员。他在一份备忘录中这样写道：“你们中有些人多年效忠公司，到头来反被宣布为‘冗员’，报刊上也登载了一些业绩评分的报道，这些当然会让你们伤心愤怒。我知道这对大家都是痛苦的，但大家都知道这也是必要的。”

郭士纳是雷厉风行的，他给IBM动了一次大型“手术”，辞退了至少35000名员工。

裁员结束之后，郭士纳对留下来的雇员说：“有些人总是抱怨，自己为公司工作多年，薪水太少了，职位升迁太慢。但你们必须拿出点成绩让我看看，得给我创造出最大的效益。现在，你们是否能继续留任，就看你们的表现了。”

听了郭士纳的话后，IBM的员工都知道了，要留任要生存要成功，就必须要精准执行，做出成绩，把成绩拿出来，展示给自己的老板看。于是，IBM迅速地刮起了一股强劲的执行风！

奇迹发生了，六年之后，郭士纳重塑了IBM公司，让一个垂死挣扎的老牌企业走上了复兴之路，重新焕发出了光辉！

一个员工，要想不被裁员，要想跨入优秀员工的行列，就不能想着自己的苦劳，更不能把苦劳挂在嘴上，而要努力养成精准执行的习惯，创造出更多的功劳和成就，因为功劳重于苦劳，结果最为重要！

第四章

专注于细节，执行更精准

想让自己成为具有竞争力的员工，就要在细节上也做到精准执行。其实，精准执行就是把工作任务里所有细节都一个一个地执行准确，执行到位。

身在职场，要想成功，就要专注细节。因为专注细节，才能执行得更彻底，执行得更有质量，执行得更加精准。

亨利·福特一手创建了福特汽车公司，并成为了美国汽车工业之父。为什么他能取得如此成就？这其中有很多原因，但对于细节的专注，肯定是一大原因。

年轻的时候，亨利·福特曾去一家大公司面试，但当时由于应聘者众多，且里面不乏优秀的人才，所以亨利对自己很不自信。

在面试的时候，他注意到了一个细节：门口有一张纸片，这影响了房间的清洁。所以，他便去把纸片扔到了垃圾桶里。

在接下来的面试中，亨利·福特发挥得很不理想，这时他心里已经在想："看来我是得不到这份工作了。"

没想到，面试刚完毕，面试官就告诉他："恭喜你，你被录取了！"

"为什么？我觉得我的发挥并不理想。"

"因为你注意到了一个细节，门口的纸片是我刻意放的，只有你注意到了这个细节，并把它捡起来放到了垃圾桶里，我们需要的，是像你一样关注细节的员工。"

事实上，在后来创立和经营福特汽车公司的过程中，亨利·福特一直都非常关注细节，以让执行更加精准，所以，他的产品就比别人更有竞争力，他的公司就比别人更能赢利，他的成就就比别人更辉煌！

在对无数商业案例和职场成功案例的研究中我们发现，在方向正确的前提下，对细节的精准执行能力，是使企业或员工能脱颖而出的核心竞争力。

因此，如果你想让自己成为具有竞争力的员工，就要在细节上也做到精准执行。

其实，精准执行就是把工作任务里所有细节都一个个地执行准确，执行到位。

所以，精准执行就是对细节的执行，专注于细节，执行才能更精准，更有质量，更加完美！

欲成就大事，先把小事执行精准

什么是成就大事？把每一件小事做好就是成就大事！要成就大事业，不妨关注小细节，做好小事情，把小事情当做大事业去执行，因为把细节都执行精准，才能真正发挥执行的最大威力。

海尔总裁张瑞敏说：“什么是不简单？把每一件简单的事做好就是不简单；什么是不平凡？把每一件平凡的事做好就是不平凡。”

张瑞敏的话也可以这样解读：“什么是成就大事？把每一件小事做好就是成就大事！”所以，要成就大事业，就要先做好小事情。

惠普创始人戴维·帕卡德说：“小事成就大事，细节成就完美。”

戴尔·卡耐基说：“一个不注意小事情的人，永远不会成就大事业。”

所以，做好小事情，专注细节，你就能成就完美的事业！

在现在的职场里，很多人都好高骛远，不屑于做小事情，梦想着一步登天，其实，成功就隐藏在小事情里面，做好了小事情，就很容易在职场里取得成功。

在日本的一家牙刷公司里，有一个叫三井信的员工，他很有志向且不好高骛远，是一个很关注细节的员工。

有一天早上，三井信起床晚了，由于公司对于迟到有着严厉的惩罚措施，为了赶时间所以三井信刷牙刷得很急，不小心弄伤了牙龈，造成了出血。这是一个很小的细节，在别人的眼里也许没有什么，可是在三井信的眼里却是大事情。

三井信急急忙忙赶到公司后，便静下来想牙刷会弄伤牙龈的问题。牙刷的构造很简单，不可能是手柄的问题，一定是刷毛有问题。找到了问题的所在，他就积极地去寻找解决问题的办法。

苦思冥想之下，他想到了很多办法，比如改变刷毛的材料，用更为柔软的材料，或者在刷牙前先用热水把刷毛泡软，或者多用牙膏，或者放慢刷牙速度等。尽管他想到的方法很多，但效果都不太理想。

在不经意间，他注意到了刷毛的形状。他发现刷毛顶端是平面四方形的，四方形棱角分明，也许正是原因所在，如果把刷毛的形状由四方形改为更圆滑的形状，是不是效果会更好呢？三井信思考了很久，最终决定把刷毛改成圆形。

接下来，他和同事们着手改进牙刷，多次试验之后，他确信把牙刷上刷毛顶端的形状改为圆形效果更好，最后，三井信把自己的想法写在一份报告上，递交给了公司相关部门的领导。

公司领导在看了三井信的报告后，觉得三井信的想法很好，所以很快圆形刷毛的牙刷便正式投入生产。

圆形刷毛的牙刷刚摆上超市的货架，就被抢购一空，销售形势极为火爆，接下来，圆形刷毛的牙刷销量继续直线上升，在很短的时间里销量竟然占到了全日本同类产品总销量的一半左右，创造了牙刷销售的奇迹！

三井信注意到了牙刷导致牙龈出血的一个小细节，然后做了一件小事情——把牙刷刷毛的形状从四方形改为圆形，然而，就是这样一件小事，不但改变了三井信公司的命运，还改变了三井信的命运。

由于对公司的卓越贡献，三井信由一名普通员工直接被提拔为社长，完成了事业上的三级跳！

牙刷销售的奇迹和三井信三级跳式的成功都来源于一个小细节、一件小事，所以，要成就大事业，不妨关注小细节，做好小事情，把小事情当作大事业去执行，这样，成功的机会就不会那么容易从你的眼前溜走了。

关注细节，因为细节决定成败

要当好一个医生，要成就名医的伟业，关键是什么？在下面的故事里，医学院的教授会为你做出解答。

在某医学院的教室里，听课的全是高才生，每个人都怀着成为名医的梦想。

教授在第一堂课上便问了学生这样一个问题："要成为一个名医或者神医，最要紧的是什么？"

学生一个个自信满满地给出了自己的答案，有人说是医德，有人说是技术……答案很多，但没有一个能令教授满意。

最后，教授给出了答案："做医生，最重要的是要胆大心细。"

学生对这个答案将信将疑，似乎并不是很信服。

教授笑了笑，拿起一个杯子，杯子里装满了液体。教授说："这个杯子里装的液体不是水，而是尿液。"说完教授就把一根手指伸进尿液中，取出来后，他又把手指放进了嘴里。

看着面不改色的教授，学生一片哗然。

这时，教授对学生说："你们照着我的样子做一次。要知道，做医生就是要胆大心细，如果你连尝尿液的胆量都没有，那你就不会成为一个好医生！"

学生一个个都照做了，他们都学着教授的样子，把一根手指伸进杯子的尿液中，然后取出来，又把相同的手指塞进了嘴里，每个人的脸上都是恶心得想要呕吐却又强忍着的一副滑稽而又狼狈的表情。

教授看到学生的样子，忍不住笑了起来："我刚才说的话里包含了两个意思，第一个意思，是要胆子大，这点你们都做到了，很好；第二个意思，是要你们用心关注细节，把心思放在细节上，如果一个医生不够心细，那会酿成很大的灾难。”

说到这里，教授停顿了一下，继续说道：“举一个例子，我刚才放入尿液中的手指是食指，放在嘴里的手指是中指，所以我面不改色，可是你们没有一个人注意到这个细节。你们真正走上医生岗位，如果不细心，那就不是像今天品尝尿液这样的芝麻小事了，那将是人命关天的大事，你们很有可能会因为一个细节而让病人失去生命！”

要成为一个名医，就要胆大心细，关注细节，事实上，任何伟大的事业都来自平凡的小事，来自微小的细节。

身在职场，如果你想成为一个出色的员工，成就影响公司命运的大事业，你就不能放过细节，不能轻视甚至忽略小事情，因为伟业源于细节，大事源于小事。

做好小事，因为小事成就大事

其实，在很多时候，做好了小事情，就等于成就了大事业，所以有时候小事情不逊于大事业，甚至做小事的价值超过了所谓的大事业。

我们不妨看看下面这两个小故事，感悟一下小事情是如何超越大事业，铸造大成就的。

故事一：价值800万的火车票

在日本东京有一家贸易公司，它和德国的一家贸易公司有着贸易往来，因为双方的贸易额巨大，所以德国公司的负责人要经常来东京视察，他每次去视察都要乘坐往来于东京与大阪之间的火车，车票当然是由日本贸易公司负责购买。

坐车时间长了，德国公司负责人发现了一件怪事情：每次他从东京去大阪时，座位都是在右边的窗口，从东京返回时，他的座位却总是在左边。

于是他去询问日本贸易公司。在日本公司负责给他买票的是一个美丽的小姐，她笑着对德国公司负责人说："事情是这样的，火车从东京去大阪时，富士山在您的右边，返回时富士山在您左边。我想，外国人都喜欢看富士山的景色。而且坐火车是一件辛苦的事情，如果在往返途中都能欣赏到富士山的景色，那一定是很愉悦的事情。所以，每次您往返的车票都是不一样的。如果给您造成了什么不便，请您谅解！"

日本贸易公司购票小姐的细心和礼貌让他很感动，他想："连一个普通的购票小姐都能如此细心，那么日本贸易公司的领导以及全体员工也一定都很关注细节，连购票这样的小事情都做得这么完美，还有什么事情做不好的呢？"

德国公司负责人回到德国后不久，就和公司董事会一致决定，把对日本贸易公司的贸易额由400万马克提高到1200万马克。

一张火车票换来800万马克，购票实在不能算是小事情了。

故事二：一把椅子换来的成功

外面雨下得很大，一个老妇人走进费城百货商店来避雨。她穿的衣服很简朴，看上去似乎没有什么购买力，所以很多售货员都对她视而不见。

"夫人，我能为您做什么呢？"一个年轻人走了过来。

"谢谢，我只是进来躲雨，马上就走了。"

年轻人走了，老妇人却有些不好意思了：不买东西，却在人家的店里躲雨，似乎有些说不过去。

"夫人，我给您搬了一把椅子，您坐着休息吧。"年轻人又回来了。

"这怎么行呢？你看我都没买什么东西。"

"没关系的。"年轻人笑着离开了。

老妇人舒服地坐在椅子上，享受着窗外的雨景，舒服极了。

天放晴了，老妇人站起来，向年轻人道了谢并要了他的名片，原来，这个年轻人叫作菲利，老妇人又感谢了菲利一次，这才离开了商店。

几个月过去了，费城百货公司的总经理詹姆斯先生收到了一封信，信中要求詹姆斯先生将菲利派往苏格兰，收取一份装潢城堡的订单，还有承包卡内基家族下属几家大公司下一季度办公用品的采购。

詹姆斯粗略算了一下，这封信带来的利润，竟然抵得上费城百货公司两年利润的总和！詹姆斯非常开心，他把菲利叫到跟前，在了解了事情的经过之后，22岁的菲利居然一跃成为了费城百货公司的合伙人！

原来那位老妇人是美国亿万富翁“钢铁大王”安德鲁·卡内基的母亲。

由于卡内基的母亲，菲利认识了卡内基，随后，菲尔用他对于细节的精准执行赢得了卡内基的信赖。在卡内基的帮助下，菲利从此在事业上取得了突飞猛进的进步。

一把椅子，换来了天价订单和人生事业的助力，这就是细节的魔力！

细节能体现一个人的精准执行能力，而对细节的精准执行还能体现一个员工的核心竞争力，所以，如果你是一个有志于成就大事业的人，请不要轻视小事情，因为只有把细节都执行精准，才能真正发挥执行的最大威力。

魔鬼在细节，执行要当心

魔鬼在细节，如果你忽略掉了一个小细节，那么就很可能会一无所有，你在职场中的所有努力和成就都会一笔勾销。要执行，就一定要执行到细节上，这才是精准执行，才能消灭细节上隐藏的魔鬼，才能帮助你在职场中取得更大的成就。

密斯·凡·德·罗是20世纪世界著名的建筑师之一，他在概括自己成功的原因时，只用了五个字：魔鬼在细节。

如何理解“魔鬼在细节”呢？它指的是，如果在细节上执行得不好，或者处理不当，就会召唤来魔鬼，造成巨大的灾难与损失。

在2002年9月17日《中国国防报》的第3版上，有这样一篇报道：

飞行服上一粒小小的纽扣，导致了一场意想不到的严重事故，致使机毁人亡，震撼了整个欧洲。

事情发生在20世纪50年代初的一天，在西欧某国组织的一次陆、海、空三军联合军事演习中，一名有多年飞行经验的优秀飞行员，驾驶着一架当时最先进的战斗机执行既定的飞行作战任务。可是，飞机刚刚离开地面，两翼就突然在空中剧烈地震动了几下，随后便一头栽倒在跑道上，飞机爆炸起火，机毁人亡。

由于这种飞机是首次运用到军事演习中，为确保万无一失，飞行前主管部门已经提出了极高的技术要求，地面勤务人员对飞机也已实施了多次全方位的检测，并保证飞机飞行的绝对安全，所以，此次事故的发生令所有人大为震惊。经过多方调查，对各种飞行信息进行仔细分析，运用实际模型对飞行情况进行推演之后，人们发现飞机失事的原因简单得让人难以置信：竟是飞行服上的一粒纽扣在作怪！原来，飞机起飞时，飞行员胸前的一粒纽扣脱落，落入仪器中，使仪器不能正常工作，从而影响了飞机的飞行，造成了这一严重的恶果。

一粒小小的纽扣，搞砸了一次海、陆、空三军联合军事演习，这就是魔鬼在细节！

其实，魔鬼在细节的故事在我们生活中经常上演，而且每次都给人们造成严重的损失。

美国萨克拉门托有一位商人要和圣弗朗西斯科的一位商人做大麦的买卖，由于距离遥远，所以双方在电报上讨价还价地进行交易。

这一天，他收到了圣弗朗西斯科商人发来的电报，原文如下：

“10万蒲式耳大麦，单价一美元。价格高不高？买不买？”

他觉得价格太高了，所以不想买。

他原本想这样回复：“不。太高。”可是在电报里，他却粗心地漏掉了句号，变成了“不太高”。

圣弗朗西斯科商人接到电报后，立即将10万蒲式耳大麦给他发了过来。自己的错只能自己承担，他哑巴吃黄连，最后只好支付给了对方10万美元。

漏掉了一个句号的小细节，让他损失了一大笔钱。

有个做皮货生意的商人想订购一批羊皮，他找到供货商，商议了一番后，双方便准备签订合同。

在合同上，他是这样写的：“每张大于3.6平方米、有疤痕的不要。”

按照他的本意，那个顿号应该是句号。所以他的意思应该是每张羊皮面积必须大于3.6平方米，而且不能有疤痕。但是由于在签合同时不注意细节，他的意思却变成了：对于面积大于3.6平方米的羊皮，有疤痕的不要；如果面积小于或等于3.6平方米，那么有没有疤痕都无所谓。

聪明的供货商很快便看到了这个漏洞，所以钻了个空子，发给他的羊皮都是小于3.6平方米的，疤痕很多，质量很不好，这使得皮货商人损失惨重。归根究底，就是来自一个顿号的小细节。

魔鬼在细节，执行请当心

魔鬼在细节，执行请当心！在职场中的人同样要注意，因为往往一个不经意的细节，就很可能会危及你职业生涯的前景。

有个年轻人是大学的应届毕业生，最近一直都在参加招聘会，期盼能找到一份理想的工作。

这天早上，他要赶去参加招聘会，但是由于起床晚了，他在手忙脚乱之下，不小心打翻了一个水杯，杯中的水洒出来，将桌子上的一沓简历都给弄湿了，可是时间太紧了，他根本没时间再去打印新的简历了，所以只好带上被弄湿了的简历，匆匆地赶往了招聘会现场。

等他赶到招聘会现场时，招聘会已经快结束了，他于是便急急忙忙地去投递简历，简历皱巴巴的，而且上面还有泛黄的水渍，但他管不了那么多了，这一天，他一共投递出去了几十份简历。

在接下来的几天里，他都在耐心地等待着用人单位的来电，可是，那些简历就像石沉大海，他没有接到过一个要他去参加面试的电话。

就在他快要绝望之际，终于来了一个让他去参加面试的电话，职位是他最看重的策划主管。在随后的两天里，他都在积极地准备面试，他查阅了很多资料，还熬夜写了几篇富有创意的广告策划案。

面试那天，他自信满满地到了那家公司。应该公司的要求，他在现场熟练地演示了photoshop等软件的操作，为命题产品做了广告策划方案，在此过程中，他表现得挺不错，思维敏捷，反应快速，而且专业知识相当扎实，因此深得面试官的青睐。

最后，他把自己熬夜写的几个广告策划案递给了面试官。面试官看了之后，对他的创意和文案能力大为赞赏，当面跟他说："你是今天所有面试者里面最出色的一个，三天后我们会电话通知你结果的。"

他很满意自己的面试表现，相信那个策划主管的岗位已经是自己的囊中之物了。

第三天下午，他接到了对方公司人事部的电话。

"你好，你是打电话过来通知我我被录用了的吗？"他很自信，先入为主。

对方犹豫了一下，说："很抱歉，你的能力很突出，我们老板也很欣赏你的才华，可是我们做广告的是很注重细节很渴求完美的，尤其是像我们这样的大公司，是不需要一个不注意细节的员工，不管他的能力有多么突出，也不管他有多么优秀。你意识到你的问题了吗？你的问题出在简历上。"

一个本来已经唾手可得的机会，就这样因为简历上这个细节而失去了。这能怪谁呢？只能怪自己。是他自己放出了细节上的魔鬼，毁了一个大好的机会。

美国有一个天才飞行员，曾成功地试飞过很多机型，因此经验非常丰富，是飞行员中的王牌。

有一次，他驾驶着一辆新型飞机做飞行表演。开始阶段一切都很顺利，飞行表演进行得很完美，然而，在返航途中飞机却发生了故障：两个引擎全部失灵了，他做了很多努力，尝试了很多方法，历经千辛万苦，才异常惊险地完成了返航。

很快，飞机故障的原因被查出来了：他驾驶的是螺旋桨飞机，加入的却是喷气式飞机的用油。

负责加油的机械工在一个细节上的失误，差点毁掉了一个天才飞行员！

一个天才飞行员是无价的，一架飞机少说也价值几千万美元，而这些都很可能会因为一个加错油的细节而灰飞烟灭。

忽略细节，容易使努力化为乌有

身在职场，作为员工，如果想赢在职场，你就一定要关注细节，因为魔鬼在细节，细节决定执行，没有对细节的有效执行，就没有执行的质量，就没有精准执行，就没有赢在职场的条件。

如果你已经在职场上取得了一定的成就，例如当上了中高层管理者，拿到了高薪，你就更要关注细节，因为魔鬼在细节，忽略掉了一个小细节，你就很可能会一无所有，你在职场中的所有努力和成就都会一笔勾销。

有个老板在其博客上讲了发生在自己公司里的一个故事：

这个老板很相信“魔鬼在细节，细节定成败”的真理，所以，公司在用人的时候，很注意一些小细节。

在前一年，公司招进来了一个很有才华和能力的部门经理，老板对他很看重，想培养成为公司未来的副总，也就是二把手，但是，在一次出差过程中，因为一件小事，老板打消了这个念头。

事情是这样的：那天刚下飞机时，包括老板在内的所有人都人手一个行李箱，因此都在忙于搬东西，但那位部门经理却空手出来，一副悠闲的样子，当时，老板虽然看在眼里，却并没有放在心上。几周后，他们一行人要回去了，其他人都大包小包地拎着公司采购来的东西，而他还是空着双手，优哉游哉，这一次老板看在眼里，却放在了心上。就是不帮忙拿东西的这样一个小细节，让老板觉得他不能和公司同甘共苦，缺乏团队精神，为人很自私。

最后，老板决定，像他这样缺乏团队精神的又自私的人，非但不能成为公司未来的副总，也不能胜任公司部门经理的职务，更不能做好公司普通员工的工作，所以后来找了一些借口把他辞退了。

拎箱子、拿行李，多么简单的细节，但老板却看出了很多东西，甚至看出了他心里的魔鬼，所以，他从部门经理的职位上掉了下来，被解雇了。

所以，要执行，就一定要执行到细节上，执行到细节，才是精准执行，才能消灭细节上隐藏的魔鬼，才能帮助你在职场取得更大的成就。

执行到细节上才是精准执行

细节是一切的根基，细节是执行的标准，执行到细节上才算是做到了精准执行。如果不注意细节，那之前的所有执行和努力都只能是无源之水、无根之木、无果之花，没有任何意义。

距离黄河岸边很近的地方有一个村庄，因为黄河水常年泛滥成灾，所以为了防止水灾水患，农民们筑起了千里大堤。

有一天，一个老农在大堤下面看到了一个蚂蚁窝，他想："蚂蚁不是怕水吗？怎么还会在大堤下面建造巢穴呢？"他于是想查看个究竟，这一查看之下，他竟然发现了很多蚂蚁窝。蚂蚁窝太多的话，会不会影响大堤的安全呢？这样一想老农便有些担心了。

老农想回村子去把自己的担忧告诉村民，在回去的路上，他碰到了自己的儿子，于是便对儿子说："儿子，你说蚂蚁窝会不会影响大堤的安全呢？我今天在大堤下面发现了很多蚂蚁窝。"

儿子不以为意地说："大堤那么坚固，还有一千多里那么长，能害怕几个小小的蚂蚁？"

老农想想也觉得儿子讲得很有道理，于是便把这件事抛诸脑后，和儿子一起下田里干活了。

当天夜里，风雨交加，雨水瓢泼，黄河暴涨，水势浩大。肆虐的黄河水流进了蚂蚁窝里面，渗透了大堤，于是千里之堤就被几个蚂蚁窝给毁了。

黄河水冲破大堤之后，淹没了大片的庄稼，老农的农田也没能幸免。

这就是“千里之堤，溃于蚁穴”的故事，它暗喻世人，如果不注意细节和小事情，就会酿成大祸，造成严重的损失。

俗话说：差之毫厘，谬以千里。这和“千里之堤，溃于蚁穴”讲的都是一个道理，说的都是细节问题。身在职场，作为员工，应该关注细节，千万不要让细节上的问题毁掉了自己努力建造的“千里之堤”。

“万事皆因小事而起，你轻视它，它一定会让你吃大亏的。”细节和小事都是特别重要的，只有重视细节，解决好小事，才能获得成功。

细节处理不好，容易扰乱大局

在职场上有一个“多米诺骨牌效应”，说的是如果不关注细节，那这一个细节上的问题会引发一系列连锁反应，到最后甚至扰乱大局。

1876年，爱立信公司成立于瑞典的斯德哥尔摩，已经有上百年的发展历史，如今，爱立信的业务已遍布全球140多个国家。

中国市场一直是爱立信公司所看重的，1985年，爱立信在北京开设了第一个驻中国办事处，1994年成立了爱立信(中国)有限公司。

可以说，有着百年辉煌历史的爱立信本来可以像诺基亚和摩托罗拉一样在中国大有可为的。可是，由于一个细节，至少在中国市场上，爱立信已经落在了诺基亚和摩托罗拉的后面，原因就在于爱立信的一款手机T28。

从1998年开始，手机业务市场高速增长，诺基亚和摩托罗拉都在手机销售市场上位列三甲，爱立信却从销售冠军上滑落下来，不但跌出了三甲，还排在一些新品牌的后面，市场份额也从18%降到了5%，这一切都是由于爱立信没有处理好T28这一款手机出现的一个细节问题。

一个爱立信T28手机的用户在使用T28过程中出了问题，于是便拿到爱立信维修部门去维修，没想到过了很长时间都没有下文，这个用户急了，便去维修部门询问，却被告知是手机主板坏了，要花费700块才能维修。因为太昂贵了，这个用户就去外面的个体维修店维修，结果只花了25块钱就解决了问题。

这个问题被媒体争相报道，爱立信品牌声誉因此大跌，所以爱立信手机的销量大幅下跌便在情理之中了。

后来，爱立信为了挽回损失，不惜花费巨额资金投入中国市场，虽然销量有了大幅回升，但要想夺回中国市场销量冠军的宝座却已很困难了。

细节多重要？一个细节能让千里之堤瞬间垮塌，一个细节也能让爱立信品牌损失上亿。

没有不起眼的小细节，事无巨细都要用心去执行

细节是一切的根基，细节是执行的标准，执行到细节上才算是做到了精准执行，否则前面的所有执行和努力都只能是无源之水、无根之木、无果之花，没有任何意义。

下面这几个故事足以让我们警醒和深受启发。

故事一：一口痰吐掉了“起死回生”的机会

这是上海《文汇报》上报道过的真实故事：有一家工厂不景气，必须吸引资金投入才能让工厂重新正常运转起来。厂长整天都在为寻找资金的事情忙活，功夫不负有心人，厂长想尽了办法，费尽了口舌，终于找到了一家愿意投资的外国公司，双方达成了合作意向。

工厂眼看就要起死回生了，因为距离最后双方签订合同只差一步之遥：外国公司在参观完厂房之后双方就可以完成签约。

厂长带着外国公司的领导参观厂房，一想到工厂的情况马上就会好转起来，厂长很开心，外国公司领导对工厂也很满意，参观很快就结束了。

这时，厂长突然想吐痰，他按照平时的习惯，就在旁边随口吐痰，吐完后用皮鞋在地上蹭了蹭。这一切都被外国公司的领导看在眼里。

外国公司领导彻夜难眠，因为这家工厂是生产医疗器械的，双方合作的内容是生产输液管，所以对卫生的要求很严格。厂长吐痰并用皮鞋蹭掉的举动显然很不卫生，而且是在工厂的车间里面，厂长都这样，那这家工厂的卫生条件就不难想象了。第二天，外国公司的领导就托翻译给这个厂长写了一封信，婉言拒绝了双方的合作。

厂长的一口痰吐掉了工厂起死回生的机会，代价实在太大！

故事二：一顿饭吓走巨额外资

东北的一家国有企业，正在和一家美国的公司商讨合作事宜，为此，这家企业没少费功夫。在一切都谈得差不多了的时候，美国公司便派了一个代表过来进行实地考察。

美国代表在这家企业领导的陪同下，参观了包括生产车间在内的一系列场所，对这家国有企业的机器设备和工人水平都给予了高度的评价。

企业领导很开心，决定大摆筵席，好好招待一下美国代表。宴会地点选在了一家很豪华的大酒楼里，隆重而气派，参加宴会的除了美国代表和企业里的20多位领导外，还有市政府的官员，场面很大。

美国代表来到现场后，被这个排场吓了一大跳，他问宴会的负责人："今天是不是还有其他客人？怎么来了这么多人？"

负责人告诉美国代表说："今天没有其他客人，宴会的主角就您一个，其他人全是作陪的。"

当时，美国代表并没有做任何表示，吃完饭就回国去了。

过了几天，美国公司就发了一份传真过来，拒绝和这家东北企业合作。这家企业的领导很不理解，美国人不是对工人对机器设备都很满意吗？那顿饭吃得也很体面啊，到底出了什么事呢？所以，他便让人向美国公司发了一封信过去。

很快，美国公司便来了一个回复："你们吃一顿饭都如此浪费，要把大笔的资金投入进去，我们如何能放心呢？"

一顿饭把巨额外资给吓跑了，真是得不偿失，而问题就是出在对细节的执行上。

故事三：天价蟑螂

最近在阿里巴巴的商人论坛上有一个帖子很受人关注，帖子的主题是一只天价蟑螂，这只蟑螂的"身价"达到了20万！

故事大致是这样的：罗小姐经朋友介绍，认识了一个客户，联系后，正好对方手头上有一个20万的订单，双方约定先寄样品过去，如果对方对样品满意，那双方就可以签署合同。

罗小姐把样品包装好，装在一个小纸箱里，不过因为有些事情耽搁了，所以这个小纸箱在电脑旁边搁置了几天才送到快递的手里。

20万的订单是很大的数量，罗小姐为此进行了精心的准备。

可是，样品发出之后，却没了下文。

后来，一个供货商告诉罗小姐，对方已经订购了自己的产品，此外，供货商还告诉罗小姐，本来订单是罗小姐的，可是由于她发的样品里面有一只蟑螂，所以20万的订单就没了。

一只蟑螂毁掉了20万的订单和罗小姐为此付出的所有努力！

故事四：名酒的瓶盖

这是发生在华人管理教育专家余世维博士身上的一件真事：余世维博士买了一瓶几百块的名酒，准备回家送给父亲。因为酒瓶是玻璃的，很容易碎，所以余世维博士就拿毛衣把酒瓶给包了起来，放在箱子里。

终于回到家了，余世维博士打开箱子想拿酒送给父亲，没想到一打开箱子他就闻到了扑鼻的酒味，发现包酒瓶的毛衣湿湿的，一瓶名贵的白酒只剩下了三分之一，原来那瓶名贵白酒的瓶盖没有密封好。

因为瓶盖没密封好，一瓶名贵的白酒被白白浪费了三分之二。

余世维博士对此的点评是：要想取得成功，必须在每一个细节上都一丝不苟，否则不是功亏一篑，就是与成功擦肩而过。

小小的蚁穴，让千里之堤毁于一旦。一口痰、一顿饭、一个蟑螂、酒瓶的盖子，这些都是小事情，看似不起眼，可正是这些不起眼的小事情造成了巨大的损失。所以，任何事情都要用心去执行，执行到细节上，才能做到精准执行，才能赢得你想要的！

心放大，眼放低，手做小事情

要精准执行，就要赢在细节；要赢在细节，最科学的程序就是“执行细节三步走”，即：心放大、眼放低、手做小事情。做到这三点，就能赢在细节，精准执行，圆满做好每一项工作，最终赢得职场的辉煌成就。

职场中有不少人好高骛远，尤其是初入职场的人，然而，若一味只想着做大事、挣大钱、贪大功，却不懂得去关注细节，执行小事情，结果只能是眼高手底，一事无成。

要赢在职场，做最出色的自己，最有效的方法就是在细节上执行好每一项工作。无数职场成败的事实证明，谁能把细节做好，谁就能赢在执行，从而赢得职场。

要赢在细节，最科学的程序就是“执行细节三步走”，即：心放大、眼放低、手做小事情。

第一步：心放大

心放大，是指身在职场，要有远见、有理想、有成就伟大事业的宏图之志。

有句话说得很好：“心有多大，舞台就有多大。”确实如此，每个人的舞台都是由其梦想和远见决定的。

洛克菲勒是一个有理想和远见的人，虽然出身贫寒，但他的心却很大。他曾说：“即使把我剥得不名一文丢在沙漠的中央，但是只要有一行驼队经过，我就可以重建整个王朝。”这句话足以说明他的雄心壮志。

洛克菲勒是靠丝绸起家的。那是一批多达一吨的日本丝绸，因为在运输过程中被染料浸染了，所以日本人想处理掉，日本人想卖，却没有人买，日本人想丢到大海里，又害怕被环境部门处罚。

洛克菲勒知道这个消息后，他的远见告诉他机会来了，他找到日本人，说：“我可以免费帮你们处理这些丝绸。”日本人正为此苦恼呢，所以洛克菲勒没有花一分钱就得到了这一吨丝绸。然后他把这些丝绸做成迷彩服，卖给了军队，得到了十万美元。

美国南北战争爆发，带动了铁路的建设，洛克菲勒敏锐地感觉到了这一点，所以他开始涉足石油行业。

1863年，他投资成立了炼油厂。1870年，美孚石油公司成立，洛克菲勒放言：“总有一天，所有炼油制桶业务都要归美孚石油公司。”

他的豪言壮语并不是空话，他的远见卓识促使他对事业计划的精准执行，在接下来不到两年的时间里，他吞并了当地20多家炼油厂，几乎垄断了当地的石油生意。

在1877年，洛克菲勒已经控制了美国炼油业的90%。

在8年内，美孚石油公司的炼油能力从占全美4%猛增到95%，几乎控制了美国全部工业和几条大铁路干线。

美孚石油公司在巅峰时期曾垄断全美80%的炼油工业和90%的油管生意。

到1910年，洛克菲勒的财富已达10亿美元。

要赢在细节，首先就要像洛克菲勒一样拥有雄心壮志和远见卓识。有了雄心壮志，执行才有意义，否则，把毫无价值的事情完成得尽善尽美，又有什么意义呢?

心放大，能给你赢在细节提供一个巨大的舞台，而你，就站在那个舞台的中心。

第二步：眼放低

眼放低，是说不能眼太高。

眼太高，很容易造成眼高手低的局面，眼高手低就容易让人忽视细节，做不好小事，从而做不到精准执行。

经营之神松下幸之助说："不放过任何细节。"要经营自己，就是在经营细节。如果眼太高，就容易把所有没做好的细节放过，从而难以圆满地完成工作任务。

松下幸之助就是一个能把眼放得很低的人，他曾经不要前程似锦的工作，却硬是要制造一个插座出来。

松下幸之助曾在一个电灯公司工作，因为他眼放得很低，又能做到精准执行，所以很快就从专门在室内布线的电工助手晋升为工头，到他加入电灯公司的第六个年头，他已经是电灯公司里被很多人羡慕的检查员了。每天，他都要巡视十多个工作项目，所以，在外人眼中他在电灯公司的前途一片光明。

这时候，松下幸之助设计了一款新型的灯头插座，一直习惯于把眼放得很低的他，一门心思就想把这小小的灯头插座做好，甚至，为了专心把插座做好，他辞职了，离开了这家让他正走向灿烂前途的电灯公司。

为了制造出优质的插座，他足足用了4个月时间，才做出了插座成品。

插座生产出来了，接下来就要想办法销售出去。这时候，他遇到了困难，他走遍了大阪的店铺，只卖出去了100多个，加起来利润还不到10元。

他要继续做好插座，却没钱了，为此他只好接了一笔制作电风扇底座的订单，他和弟弟一起，没日没夜地辛苦了一个月，才赚了80多元，可钱还是不够，为此他不断地接制作电风扇底座的订单，终于有了足够的资金。

有了足够的资金，松下幸之助又继续开始制作他的灯头插座，通过不断的努力，他的灯头插座终于在市场上推广开来。

为了更好地生产和推广自己的灯头插座，松下幸之助于1918年在大阪创立了松下电器。

灯头插座上倾注了松下幸之助的心血，由于质量过硬，他的灯头插座终于得到了市场的认可。后来，松下幸之助的灯头插座打进了东京市场，并畅销全日本。于是，松下幸之助靠着插座起家，开启了属于自己的松下时代。

现在的松下已经是世界知名的跨国公司，在全世界设有230多家分公司，员工总数超过29万人，每年的销售总额超过上百亿美元，在2009年世界五百强的排行榜上，松下以近773亿美元的营业收入位列第79位。

松下幸之助的事业源于把眼放低、专注在一个小小的插座上，所以他能精准执行，靠插座起家，一手创立了松下帝国。

第三步：手做小事情

手做小事情，这一步是精准执行、赢在细节的关键所在。

在职场中，我们往往能看到有些人只说不做，有些人只想不做，有些人即使看到了也不会去执行，归根到底，这些都是由于缺乏执行力！

要赢在职场，就要精准执行。要精准执行，就一定要做好细节上的执行，这就是手做小事情。

手做小事情，只有做了，做精准了，才能赢！

亨利·福特是美国“汽车大王”，他一手创立了福特汽车公司，成就了伟大的事业。然而鲜为人知的是，他是一个专注于细节、喜欢做小事情的人。福特汽车的崛起就来自他在车祸现场找碎片这样的小事情。

在美国的一条公路上发生了一起严重的车祸，公路上满是碎玻璃片和金属片，来到事故现场的除了警察外，还有一个汽车厂的老板，他就是亨利·福特。

亨利·福特匆匆赶来这里，不是为了看热闹，而是想从撞坏的汽车上找到一些能改进自己汽车的“小事情”。

在仔细地查找之后，他在一辆撞坏了的法国轿车旁边发现了一块亮晶晶的碎片，它有着特殊的光亮和硬度，他决定把这一小块碎片带回去研究研究。

他把这块碎片拿到实验室里，经过分析发现，这块碎片是钒钢，里面含有少量的金属钒，弹性优良，韧性很强，坚硬结实，具有很好的抗冲击和抗弯曲的能力，而且不易磨损和断裂，是制造汽车最合适的材料。

亨利·福特决定在自己的汽车上使用钒钢。为了避免纠纷，他让公司的情报部门去调查法国轿车，得出的结论是：法国人只是偶然使用了钒钢，因为同类型的法国轿车上并不都使用这种钢材。

亨利·福特欣喜若狂，他立即着手试制钒钢，结果让他很满意，为了使用更多的钒钢，他又开始寻找储量丰富的钒矿并想尽办法解决冶炼钒钢的技术难题。

他用钒钢制作福特汽车的核心部件，极大地提高了福特汽车的性能和质量，后来，福特汽车公司成了世界上最大的汽车生产厂商之一。如今的福特汽车公司是世界第一大卡车生产厂家，也是世界第二大汽车生产厂家。单是2002年一年，福特的全球汽车销量就达到了698万辆，全年营业收入高达1 626亿美元。

他说：“假如没有钒钢，或许就没有汽车的今天。”他说得没错，没有钒钢，就没有福特汽车的今天。可以说，没有亨利·福特亲自在车祸现场找碎片的小事情，就没有亨利·福特的巨大成功，也不会有福特汽车的辉煌。换言之，福特汽车的辉煌来自亨利·福特手做小事情的习惯，来自亨利·福特对细节的精准执行。

心放大，眼放低，手做小事情，这是精准执行对员工的要求。

专注于细节，执行更精准，所以，做到心放大、眼放低、手做小事情，就能赢在细节，精准执行，圆满做好每一项工作，最终赢得职场的辉煌成就。

专注于细节，细节定成败

一个细节能够左右一场巨大的商战，一个细节也能决定一个人职场的成败！切记，细节定成败，关注细节，精准执行，你的职场之路才能一片光明！

国内一度有两个风潮，一个是关注细节，细节定成败；一个是执行，职场赢在执行。等风潮过去，就像流行歌曲一样，细节和执行都随风而去了。

其实，细节和执行不应该是暂时的风潮，而应是永恒的风潮。要在职场上取得成功，就要关注细节，赢在细节，精准执行，赢在执行。

有个叫乔治·罗纳的人，曾在维也纳当过很多年律师，第二次世界大战发生后，他被迫逃到了瑞典，迫于生计，他必须找一份工作。

他分析了自己的特长，因为懂好几个国家的语言，所以他准备在进出口公司找一份工作。他发出了很多份求职信，也收到了很多份回信，但绝大多数都是回绝他的，只有寥寥几个字，写得很简单。只有一封信字数比较多，里面是这样写的："你完全没有了解我们的用意，你看看你自己又蠢又笨，我根本就不需要什么替我写信的秘书。即使是需要的话，也不会用你这样一个连瑞典文都写不好而且信里全是错别字的人！"

看了这封信后，乔治·罗纳的第一反应是很生气，很想破口大骂。在维也纳的时候，他是一个受人尊敬的律师，从来没有人会对他如此恶语相向。他差点儿被气疯了，于是决定回信去骂骂这个不懂礼貌的人。

但过了一会儿，他突然改变了主意，因为他发现自己的瑞典文确实不怎么好，这时反而应该感谢对方的提醒才对，所以，最后他没有骂那个人，反而给那个人写了一封感谢信。

没过多久，乔治·罗纳收到了回信，得到了一份工作，薪水待遇都非常不错，正是那个骂他的人后来聘用了他。

他能得到这份工作，是因为他做好了一个细节，而且执行得很好——面对讥讽，他没有回击，而是回信感谢。

一个细节，决定了他的成败。

是的，要想做出大事业，就要关注小细节，因为细节定成败。

利澳厨柜在中国业绩突出，每三天就能开设一家新的连锁店，而且利澳厨柜的产品销量每年都能翻一番，虽然近年全球金融危机，但是却丝毫没有影响利澳厨柜的业绩，近日利澳厨柜还在美国开设了分公司。 利澳厨柜能取得如此巨大的成功，与利澳·克鲁尼在管理中对细节的关注密不可分。

例如，在利澳厨柜公司里面，有一个能力很强的烤漆大师傅，经验丰富，技术卓越，可是他有一个小毛病，就是爱穿着拖鞋进烤漆房。

虽然这位师傅能力突出，是个人才，但公司主管在这个细节上坚决不退让，通过努力，这个师傅最终改掉了穿拖鞋进烤漆房的习惯。

这就是细节的力量，一个细节就能够左右大事业的成败，正是对工人在细节上的严格要求，才成就了利澳厨柜非凡的成绩!

关注细节，在细节上执行精准，就能脱颖而出，成就辉煌的事业!

关注细节，关乎成败

你知道在“家电王国”日本，洗衣机的销售冠军是谁吗?

不是松下，也不是三洋，而是海尔。

对此，海尔洗衣机日本地区总经理吕宁说了这样一句话：“海尔洗衣机在日本的成功，要感谢的是日本人对细节的‘苛刻’要求。”

原来，海尔在日本市场成功的关键在于细节！

在开拓日本市场过程中，海尔人发现了这样一个细节：日本人都喜欢晚上洗衣服，而且日本的住宅大都是木质的，所以对洗衣机的噪音控制要求非常高，所以，日本标准洗衣机的噪音要求是70分贝。

但为了在竞争中成为最大的胜利者，海尔决心要做得更好，于是，他们将洗衣机的噪音一律控制在了55分贝，后来又降到了45分贝！

另外，海尔人又发现了这样一个细节：日本人经常搬家。如果经常搬家，那大型家电搬起来肯定会很麻烦。

于是，海尔专门为此设计了一款时尚迷你型洗衣机，结果深受日本年轻人的喜爱。

这两个小细节，都是琐碎小事，但海尔注意到了，并精准地执行了，所以最终赢得了一场大战争：打败了松下和三洋等日本本土的世界品牌，勇夺日本洗衣机业的销售冠军！

宝洁公司始创于1837年，世界五百强之一，是世界上最大的日用消费品公司，每天，在世界各地，宝洁公司的产品都会与全球160多个国家和地区的消费者发生着30亿次亲密的接触。

不过，虽然宝洁公司的品牌影响力很大，但当他们不注重细节时，消费者照样不买账。

宝洁刚推出汰渍洗衣粉时，广告强劲，市场占有率和销售额以惊人的速度向上飙升，可是没过多久，增长势头就放缓了，宝洁公司上下都很重视此事，决定找出原因。

在一次产品座谈会上，一个消费者告诉宝洁公司的领导：“汰渍洗衣粉的用量太大了。”

领导追问原因，消费者给出的理由是：汰渍洗衣粉的广告上倒洗衣粉的时间太长了！

经过一番调查，他们发现：宝洁广告中倒洗衣粉的时间是3秒钟，而其他品牌洗衣粉的时间仅为1.5秒！

1.5秒的小细节，居然影响了汰渍洗衣粉的战局，这真是细节决定成败啊！

细节决定事业成败

一个细节能够左右一场巨大的商战，一个细节也能决定一个人职场的成败！

乔·吉拉德是世界上最伟大的推销员，他连续12年荣登世界吉斯尼记录大全世界销售第一的宝座，他所保持的连续12年平均每天销售6辆车的世界汽车销售纪录，至今无人能破。他曾在做汽车销售第二个月的某一天，一下子就卖出了18辆车，这个纪录到现在还没有被打破。

为什么乔·吉拉德能拥有如此神奇的职业生涯呢？他职场成功的秘密是什么呢？也许他成功有很多原因，但对细节的关注必定是其中之一！

有一天，一个中年妇女走进了乔·吉拉德的店里。

乔·吉拉德热情地过去打招呼："夫人，您好。"

"今天是我的生日，我想给自己买一辆福特汽车。在对面的店里我看上了一款车，可经销商告诉我一个小时后再过去，所以我才来到你的店里，很抱歉你的店里没有福特汽车，不然我一定会在你这儿买一辆车的。"

"没关系。"乔·吉拉德微笑着说，然后他走过去跟助手轻声地交代了几句，然后又走回来继续跟中年妇女攀谈。

过了一会儿，助手抱着一束鲜花走了进来，递给了乔·吉拉德。

"好漂亮的鲜花啊！"中年妇女赞叹道。

乔·吉拉德把花递给了中年妇女，说："祝您生日快乐！"

中年妇女很感动，抱着鲜花不禁热泪盈眶，感动地说："要是刚才的福特汽车经销商有你的一半好就好了，刚才他一定是看到我开的是一辆旧车，觉得我买不起福特汽车，所以才让我等的。”

原来，中年妇女刚才在福特汽车的经销商那里受了委屈。

于是乔·吉拉德说：“夫人，您想买什么样的车呢？”

中年妇女说：“我表姐有一辆白色的福特汽车，我很中意。”

然后乔·吉拉德带着中年妇女看了几款白色的汽车，最后中年妇女看上了一辆雪佛兰，她说：“这车太漂亮了，现在看来也不一定非得买那款白色的福特车。”

于是，一辆白色的雪佛兰轿车就这样被卖出去了。

顾客过生日这样的细节在乔·吉拉德的眼里就是商机，他不但注意到了这个细节，还做到了精准执行，他为中年妇女做了一件小事情——买了一束鲜花并送上生日祝福。

关注细节，精准执行，所以乔·吉拉德能轻松地卖掉了一辆轿车。

加加林是世界上第一个到太空的地球人，他能从众多宇航员里面脱颖而出，不是因为别的，而是因为细节。

在确定最终人选的关键时刻，航天飞船的主设计师科罗廖夫发现了一个细节：在众多候选者中，只有加加林一个人是穿着袜子进入座舱的，其他人都穿着鞋子，就是这样的一个小细节，让科罗廖夫选定了加加林，因为在科罗廖夫眼里，座舱需要时刻保持清洁。

于是一个细节成就了加加林，使他成为遨游太空的第一人。

细节决定成败。很多时候，老板比员工更注重细节，这也是老板比员工更成功的关键所在。

有一个老板到自己的分店视察时，发现灯的位置不对，没有照在货架上，于是他向分店经理要了一把扫帚，把灯管拨正。这个老板叫格茨·维尔纳，他拥有近1400家连锁店，是同行业中最富有的老板，在2003年，他的个人财产达到了9.5亿欧元。

沃尔玛公司是世界上最大的连锁零售企业，位居世界五百强榜首，而沃尔玛的创始人山姆·沃尔顿就是一个很关注细节的人。

有一天，山姆·沃尔顿在巡视一家店面时，看到一个店员随手把多余的半张包装纸和长出来的绳子给扔掉了，于是他把包装纸和绳子捡了回来，微笑着对店员说："小伙子，我们卖的货是不赚钱的，只是赚这一点节约下来的纸张和绳子钱而已。"

希尔顿酒店的创始人康拉德·希尔顿拥有亿万财产，但他每天至少到一家希尔顿饭店与饭店的服务人员接触，每次他都会问一句话："你今天对客人微笑了吗？"

拥有亿万身家的超级富豪都如此注重细节，作为职场一个普通员工，你又有什么理由不关注细节呢？

切记，细节决定成败，关注细节，精准执行，你的职场之路才能一片光明！

第五章

超越期望，把惊喜送给老板

只要通过精准执行，把成绩做出来让老板看到，超越老板的期望，把惊喜送给老板，你就能在职场上站稳脚跟，收获越来越多的惊喜。

精准执行，最高要求是超越期望。

老板需要惊喜，公司需要惊喜，这种惊喜需要员工提供。通过精准执行，员工就能做出超越期望的成果，给老板和公司带来惊喜，这时，老板也会主动地把惊喜送给员工——加薪或者提拔！

香港著名企业家、香港“勤+缘”出版社董事长兼总经理梁凤仪女士在一次采访中说道：“如果你拿的是2000块钱的工资，而你做的却是3000块工资的事情，那你就能加薪。”

确实如此，如果你的工资是2000元，你做的事情却价值3000元，那你就是超越了老板的期望，把惊喜送给了老板，聪明的老板势必会主动给你加薪，让你的工资变成2500元或者3000元。

所以，身在职场，作为员工，不要碌碌无为，不要吝啬自己的付出，只要通过精准执行，把成绩做出来让老板看到，超越老板的期望，把惊喜送给老板，你就能在职场上站稳脚跟，收获越来越多的惊喜。

让我们马上在工作中精准执行吧，让我们超越老板的期望，把惊喜送给老板，也把惊喜送给自己！

要精准执行，就要超越老板的期望

精准执行不是简单地完成任务，而是超额完成任务，执行出惊喜，超越老板的期望。当你能给公司和老板惊喜时，公司和老板也会给你惊喜——加薪或者晋升。

有个大财主要出远门，出发之前，他想考查一下自己手下三个仆人的理财能力，所以便给了这三个人每人十两银子，吩咐他们好好地看管这些银子。

仆人甲领到钱后，便拿钱去经商，结果赚到了一百两银子。

仆人乙领到钱后，拿钱去做了一点儿小买卖，赚到了五两银子。

仆人丙害怕把银子给弄丢了，所以把十两银子全埋在了地里。

一个月后，大财主回来了。

仆人甲拿着一百一十两银子去见主人，主人很开心，除了把这些银子送给甲外，又赏了甲十两银子。

仆人乙拿着十五两银子去见主人，主人也很开心，赏了仆人乙十两银子。

仆人丙拿着十两银子去见主人，主人很生气，呵斥一番之后，把仆人丙给辞退了。

看管是什么意思呢？看管的意思就是不能丢。

仆人丙完成了任务，却被主人呵斥了一顿然后辞退了，这是为什么呢？原因就在于他没有超越主人的期望，把惊喜送给自己的主人！

仆人甲和仆人乙则不一样，他们让主人的银子升值了，所以他们每个人都争取到了惊喜。

在职场也是这样，精准执行不是简单地完成任务，而是超额完成任务，执行出惊喜，超越老板的期望。

多做一点，就能超越期望

在海尔有一个员工叫作丁永强，他就做了一件大大超越老板期望的事情。

有一天，丁永强接到用户的电话，原来用户家里的冰箱出问题了，作为售后服务人员，丁永强丝毫不敢怠慢，赶紧到用户家去处理问题。

经过一系列检查之后，他发现用户冰箱不通电是电源插座松动所致。丁永强只用了两分钟就解决了这个小问题。

冰箱问题解决了，丁永强的任务算是完成了，可是他并没有立即离开，他决定对用户家里所有电器进行一次彻底的检查。

一检查就查出了问题：用户的燃气灶有问题，要点火好几次才能点着。

用户自己对此并不介意："煤气灶用久了都这样，不用麻烦你了。"但丁永强却不嫌麻烦。他找到了问题的所在，原来煤气灶并没有什么问题，而是没电了，用户的煤气灶需要换一节新电池。

用户家里并没有备用电池，而且家里只有用户一个人不方便出去，所以丁永强自己去买了电池，装上后，煤气灶一点就着。

火是打着了，就在这个时候，丁永强又发现了一个问题：火焰的颜色是黄的。专业知识告诉丁永强：出气孔该洗了。

于是，丁永强又帮助用户清洗了出气孔，使火焰恢复了蓝色。

做好了这一切后，丁永强才离开该用户的家返回公司。

在公司里，他又接到了用户的电话。

"您家里的电器又出问题了？"

"不是，我家里新开了一个旅馆，需要采购26套空调，就买你们公司的吧，还有，我还要买26台彩电，你也帮我联系吧……”

丁永强为什么能意外赢得订单呢？因为他做的事情超越了客户的期望！

其实，丁永强只做了三件事：固定冰箱电源插座、买电池、清洗出气孔。虽然是三件小事情，可他却比一般员工多做了两件事，因为一般员工只会按照客户的要求做事。

多做了两件小事情，他就得到了26套空调外加26台彩电的订单！他超越了用户的期望，他做到了精准执行，所以用户给了他惊喜，他为老板带来了惊喜，当然，老板也会给他惊喜的。

这个故事给了我们这样一个启示：多做一点儿，你就能超越别人的期望，就能精准执行！

在这个世界上，很少有人会不喜欢惊喜，不喜欢超值的。

人们希望自己喜欢的商品打折；在吃肯德基的时候，人们希望吃一款超值套餐；人们希望用更少的钱买到更多的东西……人们都喜欢超值，都希望付出更少，得到更多，所以，员工都希望加薪和升职，却不喜欢像丁永强那样，不喜欢多付出一点儿。

然而，如果你想成为一个优秀的员工，一个成功的职场人士，你就必须像丁永强一样，多做一点儿，努力超越别人的期望。

杰克·韦尔奇能通过精准执行赢得超越股东们期望的结果，所以他让通用的市值飙升了30多倍，所以他能从通用的一个普通员工当上了CEO。

史蒂夫·鲍尔默能精准执行，他的销售业绩和管理才能超越了比尔·盖茨的期望，所以，比尔·盖茨光荣退休后，他就成了微软的CEO兼总裁。

所以，做到精准执行，超越老板的期望，你就能给自己带来惊喜。

你能超越老板期望，老板就会给你惊喜

杨元庆的故事，让我们看到了什么叫精准执行，什么是超越老板的期望。

杨元庆于1989年5月在联想集团公开招聘员工时进入联想，从进入联想开始，他就是一个能超越期望做到精准执行的员工。

1991年，他被老板柳传志任命为了公司CAD部门的总经理。

当时联想CAD部门最大的业务是代理销售惠普绘图仪。在杨元庆的带领下，当年联想CAD部门的销售业绩比前一年增加了一倍。在随后的两年里，杨元庆再接再厉，将部门销售额从3000万元提高到了3亿元，提升了10倍。

因为他目标计划的精准执行，老板柳传志又提拔他做了微机事业部总经理，当年，杨元庆带领员工，一共销售出了4.5万台联想电脑，使得联想电脑首次跻身国内市场前三甲。

杨元庆不断地创造佳绩，不断地超越老板的期望，所以柳传志也把惊喜给了杨元庆——不断提拔他。

1995年，杨元庆任联想集团助理总裁，联想电脑以超出130%的速度增长，年销售10.5万台稳居国内市场前三名，成为国内电脑市场销售前5名厂家中唯一的国产品牌电脑产品。

1996年，杨元庆又创佳绩，在当年国内PC机的销量排行榜上，联想占据冠军宝座。

1997年，联想电脑继续位居中国市场PC销量第一，并代表中国品牌首次进入亚太六强。

1998年，联想电脑跃居亚太市场第五名（不含日本），这是亚太前十位厂商中唯一一家持续5个季度市场份额和排名都攀升的电脑厂商。

由于他精准执行，佳绩不断，老板柳传志决定给杨元庆一个更大的惊喜：2001

年，杨元庆接替柳传志任联想电脑公司总裁兼CEO。

通过不断的精准执行，杨元庆从一个普通员工一跃成为联想集团的总裁兼CEO。总结杨元庆成功的关键，我们发现，主要是他对公司的经营计划能精准执行，能不断创造佳绩，能超越公司和老板的期望。

你想完成从普通员工到主管甚至老板的转变吗？请像杨元庆一样，不断地把惊喜送给老板吧。

超越期望的几个方法

精准执行，以结果为标准。

超越期望，以成绩为标准。

怎样做才能执行出结果、做出成绩、超越期望呢？答案是，多做一点儿！

很多人都喜欢成绩和惊喜，却不喜欢付出，害怕付出之后收获为零。然而，不付出，不愿意多做一点儿，是永远也不会有收获的，只有付出了，努力了，多做一点儿了，才会有收获的可能性。

人一之，我十之；人十之，我百之。

付出多一点儿，多做一点儿，你更能精准执行，超越老板和公司的期望。

怎么才能超越期望呢？有三个办法：

第一个办法：多做一小点儿，像丁永强一样。多做一点儿小事情、小细节，把事情做彻底，就能超越期望。

小细节决定大成败。所以，多做一小点儿，做好更多小细节，你就会收到大惊喜。

第二个办法：付出多一点儿，努力多一点儿，因为更多努力才会有更多回报。当付出足够多的时候，就能有足够的回报。

这个方法有两个要点。

要点一：用心多一点儿。要努力就不能盲目努力，只有用心了，用力才会有效果，所以要用心多一点儿，多思考，执行才会更有效果，才能精准执行，才能超越期望。

要点二：时间多一点儿。时间出成绩，这是做大事业的一个真理，所以要赢在职场，不但要利用好上班时间，还要利用好下班时间，多投入一点儿时间，才会有更多的成绩，才能超越期望。

第三个办法：不但要做好分内事，还要多做点儿分外事。

“这不是我的分内事”“这不是我的工作”等借口会让你远离精准执行，从而远离成功。如果有这样的借口，你非但不能做到超越期望，就连工作的饭碗都难保住。

如果老板给你分配一个任务，你理直气壮地用“这不是我的分内事”或者“这不是我的工作”去回绝老板，老板必定会非常生气，这种情形下，你连工作都保不住，又怎么能超越期望呢？

百分百不是终点，不断付出才有未来

成功的人永远比一般人做得更多、更彻底、更到位。因为在职场，做好本职工作距离精准执行、超越期望还差得很远很远，百分百不是终点，多做一点儿，精准执行，超越期望，你就能给自己送一份大礼，给自己一份惊喜。

在100分满分制的考试里，成绩达到60分就是及格，就是完成了任务，只有那些想超越期望要考满分的学生才能考到80分、90分甚至满分。

在长跑比赛里面，跑过终点就是百分百。可是如果你把百分百当作终点，那你就很有可能成为那个让人瞧不起的第一名——倒数第一名。只有你想超越百分百，你才有可能成为冠军。

在撑竿跳比赛中，已有的纪录是百分百。如果你把百分百当作终点，那你就永远不可能打破记录，永远不能超越期望，所以，要超越期望，就不能把百分百当作自己执行的终点。事实上，百分百没有终点，超越没有终点，要赢在职场，让自己的人生和事业更上一层楼，就不能把百分百当作终点。

身在职场，如果你希望能培养出精准执行的能力，首先请不要说“这不是我的工作”，老板最讨厌员工说这样的话——曾任福特汽车公司总经理的柯金斯先生就是这样的老板。

一天晚上，有一件事情需要赶紧处理，显然依靠柯金斯一个人是远远不够的，他需要整个公司全体员工的协助。

他安排一个下属帮忙套信封，但那个下属却拒绝执行，他是这样回绝老板的：“这不是我的工作，所以我没有义务去做。”

然后，柯金斯这样回答他的下属：“请你另谋高就吧，因为你认为这不是你的工作。”

身在职场，你的工作没有百分百，没有什么是你工作范围以外的。

在一家公司里有一个叫作杰克的员工，在他眼里，他可以做公司里的任何事情，他总是不断地跑来跑去，因此公司里的人都亲切地叫他“奔跑的鸭子”。

分内事他会去做，分外事他也会做，甚至公司里比他职位更低的人也可以叫他去做事情。

过了没多久，杰克就被调入要求苛刻的销售部。销售部的任务很艰巨：必须完成500万美元的年度销售额，这对于一家小公司来说确实有点难度。

销售部里所有人都对此大发牢骚，他们怨天尤人，却不用心工作。

整个部门只有杰克每天都拼命工作，也只有他超额完成了自己的任务。年终了，因为没有完成任务，经理主动辞职，杰克顺理成章地当上了销售部经理，因为没有人比他做得更多，没有人比他完成得更出色！

虽然做了经理，杰克还是不改本色，依然努力工作，于是，部门员工都被他带动了起来，业绩也有了很大的提升。

这时候，公司要被收购的传闻波及了整个公司，所有人都心不在焉，不好好地工作了。但是，杰克却照样认真而努力地工作着，他的工作业绩还在不断攀升，不断地超越着所有人的期望，这些也被前来洽谈收购事宜的对方公司的董事长一一看在眼里。

收购完成了，原公司里的大多数人都被解雇了，杰克却成了新公司的总经理，他的下属都对他的成功很好奇，而他只说了一句话：“如果你能让自己跑起来，总有一天你会学会飞。”

为了让自己飞起来，超越期望，你就要先让自己跑起来，多做一些，更努力一些。

精准执行，就要比别人做得更多、更彻底、更到位

成功的人永远比一般人做得更多、更彻底、更到位，因为在职场，做好本职工作距离精准执行、超越期望还差得很远很远。

你能想象一个只有小学文凭的清洁工当上大饭店的总经理吗？也许你以为这是寓言童话或者是骗人的，但这是实实在在的真事，这个清洁工当上总经理，靠的是在做好本职工作的基础上，还做了更多的事。

19岁的时候，她来到一家招待所当清洁工，她不挑三拣四，除了做好本职工作外，别人不屑干的脏活、累活她都干。

为了能让自己有能力做得更多，做得更好，她去读夜校，白天上班，什么活她都干，晚上上夜校，夜校上完回到家里她还会整理笔记坚持学习。

由于知识丰富了，所以她的能力要比一般的清洁工强多了，她已经开始超越老板对一个清洁工的期望，但她并不满足，她主动要求去经济干部管理学院去读管理。

后来，当那家招待所成了一家大饭店后，由于不断地超越大家的期望，她被提拔为饭店的总经理！那家饭店就是现在的西藏饭店，那个清洁工就是现任西藏饭店总经理的唐世珍。

对于自己的成功，她这样总结："我是一个执行者，我总希望能做得更多。"

从清洁工到总经理的转变是巨大的，而这个巨大的转变则是通过做得更多、做得更好来实现的。

在职场中，有些人因为职位低微就失去了自信，其实，无论你处于哪一个位置，你都能通过精准执行和不断越超老板的期望，来使自己不断进步，不断体现自己的价值，不断地获得老板的重用。

有这样一个秘书，她因为做了很多，又做得很好，所以被老板委以重任，进

入了公司的管理层。在一般人的印象中，秘书的工作其实很简单，就是整理整理资料，打打电话，或者帮助老板写些材料、打印文件，但是我们故事的主角却并不只是简单地做这些：她很喜欢自己的工作，所以做得很细心，总是对老板交代的事情执行得很精准，因此，她总能在公司的文件里发现很多问题。

她做事情就希望把事情做得彻底、做得完美，所以她希望自己经手的文件都能够准确无误。但是，要达到这样的效果，她就必须自己主动去提高自己的能力。于是，她查阅了很多资料，看了很多专业的书籍，然后她就有能力更正那些文件里的错误了。

她把错误找出来改过之后，再整理分析，并写建议书，长久下来，她对公司的建议已经很多了，而且很多都是关于公司运营方面的专业建议。

一个偶然的机会，老板看到了她的建议，马上对她刮目相看。

后来老板就不断地给她一些有难度的工作，她照样执行得很好，不断地超越老板的期望，所以在不久之后，她就受到了提拔，成为了公司管理层里面的一员。

看过茱莉亚·罗伯茨主演的电影《永不妥协》吗？这部电影是根据真实事件改变的。

在电影中，茱莉亚·罗伯茨扮演的艾琳是一个经历了两次婚姻并带着三个孩子的单身母亲外加问题女人。她没有工作，没有钱，为了养活小孩，她恳求自己的律师埃德雇用她，于是，她在律师事务所里当了一个小助理。

她的工作很简单，而且由于她基本上没有任何专业知识，所以没有人对她抱有任何的期望，但是，她仍然做得很努力很用心。

一天，艾琳在一堆有关资产和债务的文件中很偶然地发现了一些十分可疑的医药单据，这引起了她的困惑和怀疑。

在老板埃德的支持下，艾琳开始展开调查，她发现当地社区隐藏着重大的环境污染事件，一处非法排放的有毒污水正在损害居民的健康，这是造成一种致命疾病的根源。

事情取得了一些进展，可依然困难重重，其间，老板埃德甚至想向对手妥协，因为实在是没有办法了。

可她却并不这么想，她通过自己的努力赢得了当地居民的信任，最后案件胜诉，污染事件得到了令人满意的赔偿，创造了美国历史上同类民事案件的赔偿金额之最，达3.33亿美元。

由于艾琳的努力，埃德的律师事务所搬进了富丽堂皇的办公大楼，艾琳超越了所有人的期望，最后她不但有了属于自己的办公室，还得到了老板埃德的巨额奖金。

这是一个感人至深的电影，也是一部职场励志电影，至少它揭示了这样一条职场成功法则：百分百不是终点，做得更多，超越期望，精准执行，把惊喜送给老板，你就能把惊喜送给自己，从而赢在执行，赢在职场，成就自己的人生。

即使被“大材小用”，也要做到最出色

百分百不是终点，要赢在职场，非但要做分外事，还要做一些“大材小用”的事情，做好了，你照样能超越期望。

王小丫大学毕业后在一家报社当记者。

她的第一份工作是抄信封，让一个大学生去做这样一件没有技术含量的工作，太大材小用了。

虽然有一点儿不情愿，可王小丫照样把抄信封的工作做得很好，这样一份“大材小用”的工作，她也能“做出花来”，超越期望。

她整日与信封为伴，三个月后，她一个人的工作量便抵上了别人的两倍，她超越了领导的期望。

超越了领导的期望，领导也把惊喜送给了她。

1997年7月王小丫进了中央电视台经济部，随后她就在“华鹤杯”全国优秀经济

节目大赛中崭露头角，接下来王小丫曾先后主持过《商务电视》《供求热线》《金土地》《经济半小时》《开心辞典》等栏目，并因为《开心辞典》走上了巅峰。

百分百不是终点，要想有成就就不能只是简单地完成任务。王小丫抄信封能抵得上两个人，一个律师事务所的小助理能完成一件赔偿额高达3.33亿美元的官司，一个秘书能给老板提出管理运营方面的专业建议，一个清洁工能当上总经理，一个奔跑的员工能让自己的职场成就飞起来，这些都充分证明：百分百不是终点，多做一点儿，精准执行，超越期望，你就能给自己送一份大礼，给自己一份惊喜。

没有最好，只有更好

精准执行，最高境界就是超越公司、老板和自己的期望。要超越期望，就必须以“没有最好，只有更好”为原则指导自己的行动，就要把工作做得尽善尽美，而不是简单地完成任务。

很多人都知道，耐克的广告语是：Just do it！安踏的广告语是：永不止步，Keep moving。飞利浦的广告语是：没有最好，只有更好。

这些广告语都启示我们，如果渴求成功，就一定要永不止步，永远追求更好！山高人为峰，只要永不止步，你就能站到峰顶上。身在职场，如果你想精准执行，超越公司和老板的期望，你就必须永不止步，永远追求做得更好。因为，对一个成功者来说，永远没有最好，只有更好。

例如安踏，正是因为永不止步，永不满足，所以连续5年成为中国运动鞋综合市场的第一名， 仅仅是2005年度，安踏就实现了20多亿元的营业收入。因为永不止步，虽然已经取得了很耀眼的成绩，但安踏还在继续努力。

美国的一位前任教育部长说过这样一句话：“工作是需要我们用生命去做的事！对于工作，我们决不能懈怠、轻视和践踏，而应该用感激和敬畏的心情，把它做得更好，而且也能做得更好！”

没有最好，只有更好！

作为员工，不管你有没有取得成就，你都应该永不止步，创造辉煌。

杰克·法里斯是美国独立企业联盟的主席，他能有今天的成就，是因为年轻时父亲的一句教诲。

年轻的时候，杰克·法里斯曾在父亲的加油站工作。有一次，他为一位老太太清洗汽车，等活忙完了，老太太却不满足，要他继续检查，看看哪里还没有做好。杰克·法里斯一直检查清洗，老太太却总能找出新的问题，这令他快受不了了。

他跑到父亲跟前诉苦，父亲并没有安慰儿子，而是告诫儿子说："孩子，这是你的工作！不管顾客说什么或做什么，你都要记住做好你的工作，永不止步！"

杰克·法里斯很受启发，从此，在他的眼里没有最好，只有更好。在接下来的人生中，他总能把事情做得更好，所以，他后来超越期望，当上了美国独立企业联盟的主席。

超越期望的万能钥匙：勤奋

没有最好，只有更好，要取得更大的成就，我们就要永不止步。

当然，这说起来容易，做起来却很困难，没有毅力和努力是不可能的。

有一个人在这方面做得相当出色，他不但有毅力，而且很努力，在一年之中，他只有三天不工作，这三天分别是他的生日、圣诞节和美国国庆日。因为有毅力和努力，所以他能做得更好，不断地让自己尽量做到最好。他是一个作家，每天他都黎明即起，然后坐在打字机前开始写作。

刚开始时，他穷困潦倒，对他来说，付电话费的钱都不容易拿得出来。然而，他依然不断地坚持写作，最终成为了世界上著名的恐怖小说大师，稿约不断，甚至在他脑子里有构想的时候，出版商就会给他支付高额定金，所以，他依靠写作成为了亿万富翁。

即便如此，他还是认为自己没有做到最好，所以，功成名就的他依然每天坚持写作，永不止步，希望做到更好！他就是斯蒂芬·金，世界上最伟大的恐怖小说作家，他的很多小说都被好莱坞改编成了电影，风靡全球。

其实，超越期望没有什么诀窍，超越期望的万能钥匙只有两个字：勤奋。

勤奋能让你不断创造佳绩，不断地做到最好，不断创造自己最好的纪录，就像运动员用勤奋不断刷新世界纪录一样。

在哈里森担任美国总统期间，美国邮政总局的局长就是一个很勤奋的人。

在年轻的时候，他在一家书店打工，为了少得可怜的薪水，他每天都要徒步行走4公里去上班，下班了又要徒步行走4公里才能到家，虽然如此辛苦，可他每天都坚持着勤奋和刻苦地工作。

因为勤奋，他能不断地做到最好，让自己变得更强大，让自己的工作变得更好。后来，他成为了一个很成功的商人，再后来，他被总统任命为邮政总局局长，声名显赫。

成功的路上永远不能缺少勤奋，勤奋是成功的最佳伴侣。在职场也一样，勤奋努力地工作，你就能突破自己，不断地创造佳绩，超越公司和老板的期望，赢得你想要的未来。

做过销售的人都知道，外貌长相对销售工作有着较大的影响。如果长相丑陋，就会在销售过程中遇到重重困难，要比长相好看的销售人员多付出努力，才有可能创造出一点儿业绩。

在日本，有个保险销售员长相一般，身高很矮，毫不起眼，他在做保险销售时，遇到的困难非常多，刚开始时销售业绩很不理想。

虽然成绩不好，他却从来没有想过要放弃，反而做得更加努力了，因为他的理想是要做到第一。

每天，他从早晨5点起就开始工作。在吃早饭之前他会先给客户打电话约定时间。在吃早饭的时候，他也不闲着，会跟妻子讨论工作，然后他才去公司上班。公司里的工作他会在一个小时内做好，然后外出拜访客户，并结识新客户，直到下午六点他才下班回家。然后，他开始吃晚饭，饭后他会看一些关于销售的书籍，提高自己的销售技巧。最后，他会总结一天的得失，并为第二天的工作安排方案，直到晚上11点，他才准时睡觉。

别的销售人员一天工作8个小时，而他一天的工作时间则达到了18个小时。正因为勤奋，他不断地创造出销售佳绩，不断赶超第一。终于有一天，他成了日本保险史上的销售冠军。他的名字叫原一平，他在保险业的销售成绩可以与世界上最伟大的销售员乔·吉拉德媲美。

赢得高薪的秘诀：拒绝抱怨，努力进取

职场成功者都知道，在职场里工作，态度非常重要。在职场中，如果你能拥有不断进取、精益求精、要做就做到最彻底的态度，你就能精准执行任何工作任务，不断地超越大家的期望，赢得一个又一个完美的结果。

纽约的一个百万富翁就是这样做的：刚开始的时候，他每周的薪水只有七美元多一点，可后来有一天却一下子涨到了年薪一万美元。他的薪水翻了数倍，原因就在于他不断进取的态度。

他一开始签工作合同时，签的是五年期的长约，而且按照合同规定，在五年内他的薪水不会有变化，所以在五年内的每一周，他都只能得到七美元多一点儿的微薄薪水。

尽管如此，他从来都没有过抱怨，而是不断进取，他要通过不断的努力去提升自己的价值，他要让老板知道，他是最优秀的，他配得上更高的薪水。

通过对每一项工作的精准执行，他工作的质量更好了，他的执行结果更出色了，以至有一家公司前来挖墙脚，给他提供了5000美元的年薪，让他去做海外采购员，但他拒绝了。他认为，如果自己能做得更好，老板一定会主动给自己加薪！

他默默进取了五年，等合约结束了，他需要签一份新的合同。这时，老板给他提供了一份新的合同，年薪是一万美元！他很高兴，因为他把自己提高到了一个更好的层次——从原来的周薪7美元，提高到了年薪一万美元。

尽管如此，他依然永不止步，他要变得更好。后来，通过自己的不懈努力和不

断进步，他成为了一个百万富翁。

只要努力勤奋，不断进取，精准地执行你的每一个正确的计划，你就一定能做得更好，超越自己和别人的期望。

精益求精：对自己的工作要有更高的要求

精准执行，最高境界就是超越公司、老板和自己的期望。要超越期望，就必须以"没有最好，只有更好"为原则指导自己的行动，就要把工作做得尽善尽美，而不是简单地完成任务。

在美国阿穆尔饲料厂有一个速记员，叫作麦克道尔。由于他对自己的工作精益求精，所以他从一个小小的速记员当上了饲料厂的厂长。

刚开始时，他在一个很懒惰的经理手下做事情，这个经理因为太懒惰了，所以老板吩咐下来的所有工作他都推给下属去做。有一次，厂长要求经理做一本密码电报书，经理则把制作密码电报书的工作交给了速记员去执行。

其实，制作密码电报书的工作很简单，只需要把电码贴在纸片上就能完成。但是，麦克道尔却不准备只是简单地完成工作，他对自己的工作有着更高的要求。上班时间不够用，他就拿回家去做，最后，他把电码精心编排，做成了一本漂亮的小书。

做好之后，麦克道尔把电报书交给了经理，经理又把电报书交给了厂长阿穆尔先生。

厂长阿穆尔先生是一个对工作有着严格要求的人，所以当他拿到电报书之后，就仔细地翻看了一遍。一看之下，他大为惊喜，对电报书的质量极为满意。

他把经理叫来，问道："这本电报书不是你自己做的吧？"

由于阿穆尔先生非常严肃，经理还以为电报书出了问题，立马就把责任推到了麦克道尔身上，说："是我手下的速记员麦克道尔做的。"

然后厂长和麦克道尔深谈了一番，厂长对麦克道尔很满意，立即提拔了麦克道尔。

没过多久，麦克道尔就做了经理。后来厂长阿穆尔退休，麦克道尔便成为了饲料厂的新主人！

要精准执行，就要精益求精，只有想把工作做得尽善尽美，才能把能力提升到更高的层次，才能把工作做得更好，才能精准执行，才能超越期望。

逆水行舟，不进则退。如果一个人不想做得更好，不精益求精，即使原来很强大，也会慢慢被竞争对手赶上和超过，因为你不进取，别人会进取；你不前进，别人会前进；你不能精准执行，别人能精准执行。最后，你只能落在后面！永不止步，永不停下追求的脚步，你就能让自己在薪水和地位上都“没有最好，只有更好”。

发挥创新力，让执行事半功倍

发挥创新力，找到好方法，往往能使工作执行起来更事半功倍，更精准，更容易赢得超越期望的结果。

做事成败的方法，是由创新力决定的。

在职场里，有一类员工很受老板器重，他们被叫作“创意员工”，是企业的中流砥柱，而要评价一个员工是不是“创意员工”，靠的就是创新力。爱因斯坦说过：“人是靠大脑来解决一切问题的。只要每个人都能够主动地去创新，相信一定能够找到更多更好的解决问题的方法。”

发挥创新力、找到好方法，往往能使工作执行起来更事半功倍，更精准，更容易赢得超越期望的结果。

要赢在职场，就要赢在执行。赢在执行的方法有很多种，其中发挥创新力最具效率，效果最好。如果我们在工作时能够积极发挥创新力，更容易使精准执行水到渠成，发挥创新力，你更容易超越公司期望，让老板对你刮目相看。

我们不妨看看下面这几个发挥创新力的故事，相信对我们会很受启发。

故事一：分发邮件方式的创新

美国原来分发邮件的方式很落后，分发起来很混乱，效率低下，而且很容易出错，有的信件甚至会为此耽误好几个星期。

虽然如此，很多邮递员还是按照老办法去分发邮件。不过，有一个邮递员很有创新能力，他很讨厌这种费力而又错误率极高的办法，所以，他想发明出一种新的方法。

经过不断的尝试，他终于找到了一种事半功倍的方法：把寄往同一个地点的信统一起来，然后再集中分发。

为了更方便统计，他还设计了图表，等一切都成熟之后，他写了详细的计划书，然后拿给领导们看，领导们也一直深受用老方法分发邮件之苦，看到他的计划书后都格外重视，经过详细的研究，领导们决定试点执行他的新方法。

经过试点，他的新方法果然效果很好，不但省力，而且错误率极低，还很有条理。

于是，通过发挥自己的创新力，他做出了超越领导们期望的事情，把惊喜送给了领导，所以领导也把惊喜送给他：他很快就被升为了铁路邮政总局的副局长，不久后又当上了局长。他叫作西奥多·韦尔，后来，他当上了美国电话电报公司的总经理。

故事二：赠送花生的妙计

马戏团里经常会有小孩子叫卖东西，虽然看马戏的人很多，却很少有人买东西吃，马戏团在这方面的收入少得可怜。

在这些卖东西的小孩子里面，有一个叫哈里的特别聪明。哈里和其他的小孩子不一样，他特别具有创新意识，看到东西卖不出去，他就想出这样一个方法：向每一个买票的观众赠送一包花生。

老板觉得哈里的想法荒唐至极，坚决不同意。

哈里却知道自己的想法有利可图，所以他给了老板拒绝不了的理由：赔钱了就从哈里的工资里扣；赚钱了，哈里只拿一半，另一半归马戏团。稳赚不赔的生意谁不喜欢呢？于是老板同意了。

平常马戏团表演时观众来得虽然很多，却远远没有达到饱和的程度。哈里此举一出，观众比平时多了好几倍，比起增加的大笔门票收入，花生的成本基本可以忽略不计。

观众拿着免费赠送的花生进场看马戏，一边看马戏一边吃花生感觉很棒，等花生吃完，大家感觉很口渴，于是哈里叫卖的啤酒和汽水便大卖起来。

门票收入多了好几倍，酒水的收入也大大增加了，马戏团的老板大为开心，哈里也从中拿到了数额不低的分红。

哈里长大之后成了美国著名的宣传奇才，在广告界赫赫有名，做出了很大的事业。

故事三：把电梯安装到室外

美国有一家老牌饭店，因为电梯太狭小，严重影响了客流量，从而影响了饭店的生意，老板决定安装一台新的电梯。

为了快速地安装新电梯，老板花费重金请了一流的建筑师和工程师，经过讨论，建筑师和工程师一致认为，饭店需要安装一台大电梯，为此饭店必须停业半年！

停业半年？老板很不满意，因为那样会造成很大的损失。

这时候正好走过一个清洁工，他刚好听到了饭店老板和专家们的谈话，他居然想到了更好的办法，说："为什么不把电梯装在饭店外面呢？"

老板一听大为赞同，于是采纳了这个建议，并奖励这个清洁工。后来，老板又发现这个清洁工懂得非常多的与饭店经营有关的东西，于是便提拔了他。

把电梯装在外面，安装电梯和饭店营业就两不耽误了，这是最佳的办法，也是最有创意的办法，这也是建筑史上第一次在室外安装电梯！如果你能给老板提供如此出色的创意，相信你的老板一定会给你惊喜的。

故事四：创新卖房方式催生一位亿万富豪

1950年前后，香港出现了地产业。1953年，香港成立了一家公司，叫作霍兴业堂置业有限公司，老板叫霍英东。

当时香港地产业最盛行的方法是建成楼宇之后，把楼宇出租，房地产公司从中收取租金。不过，这种方法资金周转比较慢，房地产开发商要在七八年之后才能收回成本，所以经营起来是很艰难的。

为此，霍英东做了很多创举：

第一，卖楼花。

经营房地产，兴建楼宇大厦是需要投入大笔资金的，为了解决这个问题，霍英东发明了卖楼花的方法。在楼宇还没有正式动工之前，买家先交定金预购楼房，房地产开发商用买家的钱来盖楼，楼房的余款买家分期支付，这就是卖楼花，这也是分期付款方式的第一次推出。

当时楼房价格很高，很多普通市民都买不起，霍英东发明了卖楼花之后，普通市民都可以用分期付款的方式拥有自己的楼房了。

所以，售楼花的方式一公布，整个香港就陷入了疯狂，使得楼市非常火爆。

第二，印发售楼说明书。

为了将楼宇迅速推销出去，霍英东印发了售楼说明书，上面有详尽的楼盘情况介绍、价格和交楼日期等。这在当时是一个创举，大大地促进了楼宇的销售。

第三，分层分单元出售。

当时相关的法律契约并不健全，楼宇建成之后一般都是整栋出租，普通人根本租不起，也买不起。为了让普通市民都买得起，霍英东开创了楼房分层分单元出售的方法。为了解决分层分单元出售带来的问题，霍英东推行了大厦公共契约。

正是由于这些创新，霍英东涉足房地产短短一年时间，就兴建了100多栋楼宇，还建造了立信大厦、香槟大厦，而他兴建的全部楼宇和大厦，很快便被抢购一空。

于是，霍英东创造了神话，一跃成为香港最大的华资地产商之一。

后来，霍英东又建造了香港当时最高的蟾宫大厦。仅仅一年多时间，霍英东就赚到了1000多万港币，而他动用的本钱还不足100万！

当时是1955年，拥有千万身家的富豪屈指可数，所以霍英东一跃成为了香港的超级富豪！而在《福布斯》2005年公布的全球富豪榜上，霍英东则以30亿美元的资产榜上有名。

效率是创新力的关键

要精准执行，要超越公司和老板的期望，发挥创新力是最有效率的办法之一。创新力的关键词是效率，效率是创新力的生命，没有效率，创新力就没意义！

在职场最具创新力、最吃香的员工被称为“创意员工”。要想成为极具创新力的“创意员工”，必须有一套系统，让自己做事情更有效率。

拥有产生高效率的创新力，你一定能成为被公司和老板器重的“创意员工”！在此，给大家推荐一种能让工作变得更有效率的方法，叫作GTD，英文全名是Get Things Done，翻译过来就是：把事情做好。

GTD的基本理论是，把你所要完成的任务和事件全部从大脑中移出来，记录到纸上，这样，大脑便会不被多余的事情打搅，而能集中到现在所需完成的事情上面来。

GTD在全世界深受欢迎，被广泛应用。

GTD包括五个阶段：

第一个阶段：收集。把需要完成的事情全部记录下来，放在一个工作箱里。

第二个阶段：处理。处理工作箱里面的工作任务，分析这个任务具体是做什么的，如果能执行，就将其放入执行列表中；如果不能执行，就放弃这个任务，或者放入备忘录，或者放进参考资料夹里面。

第三个阶段：计划。为执行列表里面的任务做简单的执行计划。如果这个任务在两分钟内就能完成，就立即执行；如果不能，就寻找下一个任务。

第四个阶段：重复阶段二和阶段三，不断寻找下一个任务，直到建立准确的执行列表。

第五个阶段：按照执行列表依次执行。

GTD是一套很有效率的方法，你可以试试看。通过GTD，你可以让自己变得更有效率，有了效率，你执行起来才能更精准。

总之，要发挥创新力，让自己变得富有效率，你的执行才会事半功倍，才能更精准，才能超越期望！

把惊喜送给老板，搭上成功的快车

在行动前要深思熟虑，想好后就要果断地付诸行动，执行精准。当你能精准执行，超越公司和老板的期望，做出了非凡的业绩后，你就更容易搭上职业成功的快车。

没有人是不喜欢获得惊喜的，老板也不例外。如果你能精准执行，超越老板和公司的期望，你就是在把惊喜送给老板，那么，老板就一定会让你搭上职业成功的快车。

不断给公司惊喜的御手洗富士夫

1961年，一个名叫御手洗富士夫的年轻人从日本中央大学法政部毕业，加入了日本佳能公司，进入佳能之后，他精准执行，超越期望，成绩卓越。

他的座右铭是“熟虑断行”，简单地说就是在行动前要深思熟虑，想好后就要果断地付诸行动，执行精准。

1966年，由于工作出色，他被调到佳能美国分部，在会计部任职。

1966年，尼康的相机在美国销售极佳，佳能的相机却只卖了300万美元，最后结算下来，才获利6000美元，而且还没有扣除广告费用，所以亏损很多。虽然营业收入并不差，却还是亏损，正因为这样，御手洗富士夫才有了一套“重营收，更重利润”的哲学。

在日本工作很出色的他到了美国之后，依然表现出众。在美国期间，年轻的御手洗富士夫一人包办数职，不但要做会计，还做总务和人事工作。每天，他都要和近20名高层主管开会，当场讨论，当场决定做法，办事极为干练、高效。通过精准执行，他不断地超越领导和老板的期望，把惊喜送给公司和老板。于是，在9年后，也就是1975年，他一跃成为美国佳能的副总裁。

在副总裁任上，他继续精准执行，把惊喜送给老板。于是，惊喜又降临到了他身上，4年之后，他当上了美国佳能总裁，成为美国佳能的老板。

他一共在美国佳能工作了23年，在这23年间，他创造了卓越的成绩。刚开始时，美国佳能的业绩只是区区300万美元，可是等到23年后，美国佳能的业绩已经达到了26亿美元，这个数字无疑是惊人的。这样的业绩比起世界上任何一家大集团公司都毫不逊色，何况还只是佳能在美国的分部创造的。

御手洗富士夫超越了所有人的期望，他把一个巨大的惊喜送给了老板！

面对如此巨大的惊喜，老板自然不能无动于衷，所以在1989年，御手洗富士夫返回日本佳能总部，担任佳能集团副总裁。

1991年，由于泡沫经济破灭，经济高速增长的日本出现了经济低谷，由此，日本经济长期低迷，很多大企业都受到了严重的影响。但是，佳能却避开了日本的经济低谷，这全都靠御手洗富士夫。

在担任佳能集团副总裁期间，御手洗富士夫经常给总裁御手洗肇提供极具创意的想法，为佳能做出了很大的贡献。

1995年8月31日，56岁的御手洗肇因病逝世，佳能公司召开董事会，最后一致决定跳过6位更资深的主管，由御手洗富士夫接任总裁，原因是他能精准执行，超越期望，为佳能做出了非凡的成绩。

当上佳能总裁之后，御手洗富士夫还是不改执行本色，他通过一系列的改革，一举扭转了形势。

于是，在1997年，他又兼任了佳能集团的CEO。

在御手洗富士夫掌管佳能之后，他做了几个大动作：

第一，他删减支出，关闭了个人电脑、液晶显示器以及电子打字机等一系列亏损的部门，并将这些部门的资源整合到打印机、影印机、相机以及光学仪器等部门，仅此一举就为佳能避免了近3亿美元的亏损。

第二，1998年，他以小工作室取代了传统的作业线。举一个例子，原来组装影印机时，佳能采用的是冗长的作业线，效率很低，御手洗富士夫决定改用小工作室，他将6名员工编为一个小组，在一个小工作室中合力制作一部影印机——在小工作室系统里面，6名员工的生产力抵得上旧作业线上的30名员工。这是御手洗富士夫在佳能的最大成就，他为佳能减少了1万名员工，相当于5个大型工厂的人力成本！

御手洗富士夫的精准执行取得了巨大的成就，他把惊喜送给了佳能的股东们：

1991年到1995年，佳能集团的平均营业收入是1.9437兆日元，平均获利388亿日元。但自御手洗上任后的1996年到2000年5年间，不但营业收入增长1.4倍，达到2.7098兆日元，平均获利更增长2.7倍，达到1054亿日元。佳能的有息负债也从1991年的35.2%，大幅减少到2002年底的5%。

2002年，佳能公司实现净销售额245.01亿美元及净收入15.89亿美元，双双刷新其历史纪录。

2003年，佳能公司实现净销售额298.89亿美元及净收入25.77亿美元，打破了佳能2002年的新记录，创造了佳能历史最好成绩。

因为精准执行，御手洗富士夫还被美国《商业周刊》连续数年选为“全球25位最佳经理人”，《商业周刊》给了他极高的评价。

正是因为不断地精准执行，不断地把惊喜送给老板，所以御手洗富士夫搭上了成功的快车，从一个普通员工一跃成为世界五百强企业的掌门人！在2006年，御手洗富士夫又当上了日本最具影响力的商业机构——日本经济团体联合会的会长。

视精准执行为生命的张富士夫

张富士夫是一个总是精准执行的人，从求学开始，他就把“百闻不如一见，百见不如一干”作为自己的座右铭。

1960年，从东京大学法学院毕业后，他便加入了丰田公司。

进入丰田公司后，张富士夫在丰田公司总务部宣传报道课任职，担任公司内部刊物的记者兼编辑，虽然内刊编辑只有两个人，但张富士夫和他的同伴却把工作做得很好。

1966年，张富士夫进入丰田生产管理部，在日本企业管理大师、“丰田生产方式”的创造者大野耐一手下工作。生产管理部是丰田的核心部门之一，可见丰田公司的领导对张富士夫的前期工作是相当满意的。张富士夫在生产管理部的工作任务是运用“丰田生产方式”进行生产工艺的改造，并将其推广到各个子公司和相关公司。

在丰田生产管理部门，张富士夫对工作任务执行得很精准，很出色，丰田各子公司和相关公司都建立了他负责的“丰田生产方式”。

由于对每一件工作都能精准执行，所以他不断地得到提拔。

1985年，张富士夫被提拔进入丰田北美事业准备室，筹备在北美建立汽车制造厂的相关事宜。

1987年，他被任命为丰田汽车美国公司执行副社长，负责筹建和管理丰田汽车公司设在海外的首家独资公司。

1988年，他升任为丰田汽车美国公司社长。

张富士夫把“丰田生产方式”有机地移植到了丰田汽车美国公司，使丰田汽车公司进军美国市场的战略取得巨大的成功。

丰田在美洲尤其是美国市场的巨大成绩，毫无疑问是张富士夫送给丰田老板的一份大惊喜。于是，在1994年，他被调回公司总部，担任负责涉外、公共关系和信息通信方面的常务董事。

丰富的海外工作经历让他执行起来游刃有余，成绩卓越，于是在1998年6月，他又被升任为丰田公司副总裁。

1999年，张富士夫接管丰田。上任伊始，他便非常注重降低成本。他提出了两个概念——“全球车体生产线”和“国际多用途汽车计划”，他的目标是将成本降低为原来的四分之一。在他的领导下，丰田公司上下对目标和计划的执行精准而卓有成效，仅2003年一年，丰田的生产成本就减少了20亿美元。

自张富士夫接管丰田之后，丰田公司获得了空前的繁荣发展，销售增长了39%，利润更是巨幅增长，达到了110亿美元。

2006年6月，张富士夫当上了丰田董事长。同年，丰田汽车在美国市场卖出了254万辆丰田汽车，首次成为美国汽车市场上的第三大汽车公司。

因为精准执行，张富士夫超越了老板和股东们的期望，由于他不断地给大家创造惊喜，所以他搭上了职业成功的快车。

对于执行，他如是说：

“与在脑子里能够巧妙地解决问题相比，我们宁可选择执行。如果一种解决问题的方法不奏效，我们会尝试用其他的办法。”

“当行动成为关键的时候，它所聚焦的就是结果。”

总之，你想搭上职场的成功快车，像御手洗富士夫和张富士夫一样，从员工变成老板吗？那么，就像他们一样，精准执行，超越期望，把惊喜送给你的公司和老板吧！

第六章

自动自发，为自己工作

精准执行，关键要靠你自己。作为职场中人，你想成就最好的自己，登上职业生涯的巅峰，就必须要有自驱力。自驱力是成功的力量源泉，自驱力能让你精准执行，自驱力的要求是：自动自发，为自己工作！

职场成功的秘诀是精准执行，精准执行，关键要靠你自己。作为职场中人，你想成就最好的自己，登上职业生涯的巅峰，就必须要有自驱力。

自驱力是成功的力量，自驱力能让你精准执行，自驱力的要求是：自动自发，为自己工作！

哈佛大学教授戴维·麦克利兰认为，**员工在工作情境中有三种重要的动机或需求：**

成就需求：争取成功，希望做得最好的需求。这种需求使员工强烈渴望将事情做得更为完美，获得更大的成功，因为他们追求成功之后的那种个人成就感。

权力需求：影响或控制他人且不受他人控制的需求。这种需求会使员工在竞争中追求更出色的成绩，以使自己的地位与自己的才能相称。

亲和需求：寻求被他人喜爱和接纳的一种需求。这种需求使员工更倾向于与他人进行交往，至少是为他人着想，以保持员工对企业、对工作的高度忠诚。

自动自发，为自己工作，你就能满足自己在工作中的这三个最重要的需求：

自动自发，你就能获得成功，在职场取得让人瞩目的工作成就，从而满足成就需求。

自动自发，你就能加薪升职，成为主管、经理、总经理、CEO等，甚至还有可能做老板，成为领导者，从而满足自己的权力需求。

自动自发，你不但能在同事中间如鱼得水，还能获得老板青睐，从而满足自己的亲和需求。

总之，自动自发能使你拥有神奇的魔力，什么工作都能做好，即使遇到极其困难的工作，也能执行得尽善尽美，因为，自动自发、为自己工作的员工最能做到精准执行！

对公司负责就是对自己负责

精准执行需要你把工作当事业，而不是敷衍应付，也不是满足于尚可的工作表现。对公司负责就是对自己负责！只要对自己负责，做到精准执行，你就能赢在职场，赢得成功，不管公司是不是你的。

在职场有一种员工，在老板的眼皮子底下，他能精准执行，他会业绩出色，可老板一离开，他就会很快变成另外一副样子，整个人懒懒散散，宁肯趴在桌子上睡大觉，也不愿意动一根手指头去工作。

也有这样一种员工，即使在老板眼皮子底下，他也会尽力偷懒。他们常常表现得格外"聪明"，工作只选没有难度的，下班后不会多留一会儿，没有加班费就不加班，工作能拖就拖，能不做就不做，只要能领到工资即可。

还有一种员工，他格外会"做事"，执行只是蜻蜓点水，喜欢做面子工程，懂得欺上瞒下，善于把事情在表面上做得面面俱到，可惜欺骗了自己却欺骗不了别人，所以升不了职，也没有得到加薪的机会。

这三种员工自以为"聪明""会做事"，其实，他们最愚蠢，因为他们没有对自己负责。也许，他们有这样一个借口：这不是我自己的公司，凭什么要我尽心尽力地去工作？然而，对于这样的借口，最常见的回报往往是：成功正在远离，失败已然不远！

对工作不能有借口，对自己更不能有借口。有的员工工作不好，没有出色的业绩，于是他们会给自己找借口："这不是我的公司。"在被辞退后，他们也无所谓，因为他们有这样的借口：“这不是我的公司。”在好不容易才找到新工作、还没有上班几天又被辞退时，他们还是会继续用同样的借口来为自己解脱：“这不是我的公司！”也许等到年老却一事无成时，他们才会充满悔恨：“我对自己太不负责任了，要是我当初再努力一点儿的话……”

你想让这一幕出现在你的未来生活中吗？应该不想吧，因为没有人想被辞退，没有人想一事无成，没有人想拥有失败的人生。

对于那些以“不是我自己的公司”为借口的员工来说，所有问题的根源在于责任，他们不但对自己没有责任，对工作、对公司和对老板都没有责任，所以他们会被辞退，所以他们会一事无成。

没有责任的员工，是彻彻底底的失败者，好运不会降临在他们身上，成功对他们来说非常遥远。

其实对于员工来说，最关键是要对自己负责。加薪不算什么，升职也不算什么，人生过得有意义才重要。对于人生有意义，有很多的说法，最经典的说法是：“人最宝贵的是生命。生命属于人只有一次。人的一生应当这样度过：当回首往事的时候，他不会因为虚度年华而悔恨，也不会因为碌碌无为而羞愧。”

虚度年华、碌碌无为是对自己最大的不负责任！作为员工，如果对自己都不负责任，只会虚度年华，那么他的工作肯定难以取得成就。

人应该有所追求，人应该积极做事，人应该有所成就，这才是对自己负责任的做法！所以，即使不是自己的公司，我们还是应该自动自发，精准执行，因为这是对自己负责。一旦通过精准执行在职场中取得巨大成就的时候，你就会明白，你这样做无论对公司还是对你自己，都是一种赢的抉择。

精准执行，才是对自己负责

对公司负责就是对自己负责。要对自己负责，我们需要把工作当成事业，把公司当成是自己的公司，努力付出，精准执行。

世界上最伟大的推销员乔·吉拉德说："如果一个人能够把工作当成事业来做，那么他就成功了一半。"

松下幸之助说："工作中最可悲、最可怜的一种人，就是那些只想获得薪水，而其他一无所知的人。"

成功学大师戴尔·卡耐基说："在现实中，我们常常会看到两种不同的人：一些人即使天天加班依然乐此不疲，而有些人偶尔加一次班就牢骚满腹。"

精准执行需要你把工作当事业，而不是敷衍应付，也不是满足于尚可的工作表现。人需要金钱、地位和价值的衬托，而做到精准执行，你就能做最好的自己，进而拥有事业、金钱和地位，让自己的人生有价值有意义。

1989年，中山市怡华集团属下的一间小厂来了一个叫段永平的新厂长。当时，这家小厂亏损达到了200万元。那时候的段永平刚刚大学毕业，并没有什么工作经验，不过，他很努力，就像工厂是自己开的一样。

当时，内地市场上游戏机销售火爆，光是1990年一年，内地市场上就卖出了300万台游戏机。段永平看准机会，带领工厂生产家用电视游戏机，他费尽心思给自己的游戏机取了一个响亮的名字：小霸王。然后他带领工厂一起努力，虽然没有经验，他却努力执行，用令人刮目的效率做起了质量、售后服务和经销网络三项工程，打造了小霸王响亮的品牌。付出就有回报，三年之后，原来亏损200万的小厂的产值已达到1亿元，在众多游戏机品牌中，小霸王一枝独秀。

段永平并没有为已经取得的成绩满足，他精益求精，想把小霸王的品牌做得更好。在1993年，他看准机会，在电脑"千呼万唤不出来"的时候，给游戏机增加了一个计算机键盘和电脑学习卡。于是，令很多家长讨厌的游戏机完成了超级变身，小霸王学习机横空出世。

为了打开市场，段永平可谓绞尽了脑汁花尽了心思，最后，在创意十足的营销策略和广告攻势下，小霸王因为其学习功能而大卖，市场份额逼近80%!

后来，段永平又请来国际巨星成龙为小霸王做代言，这使得小霸王学习机家喻户晓。有调查显示，当时的小霸王超过了美国电脑巨头IBM和国内电脑新贵联想，成为了国人最为熟悉的电脑品牌。

1995年，小霸王产值达到了10亿，品牌评估5亿。凭着对公司负责就是对自己负责的态度，虽然是别人的公司，段永平依然精准执行，从1989年亏损200万到1995年产值10亿，短短6年时间不到，他便用自己的精准执行创造了奇迹!

因为对公司负责对自己负责，段永平也收获了巨大的回报，不但赢得了大量荣誉，还挣得了千万身家!

后来，他离开了小霸王去创造自己更大的辉煌，但无可否认的是，他腾飞的平台，就是在别人的公司里筑起和夯牢的，他用精准执行使自己完成了蜕变，把自己打造成了行业里最有实力的人才。

精准执行，赢得成功

通过在小霸王的精准执行，1995年9月，段永平成立了自己的公司——步步高电子有限公司，亲任董事长兼总经理。

开始时，步步高主要做学生电脑和电话机生意。富有创意的他很懂得宣传营销对产品的作用，1996年，“800元买电脑，免费学电脑”的广告语引起了市场轰动，于是步步高学生电脑成功地打开了市场。此后，为了扩大步步高无绳电话的宣传攻势，段永平又花大价钱两夺央视广告标王。

因为巨大的广告攻势和段永平的精准执行，步步高无绳电话仅用了两年时间，就登上了全国无绳电话市场的冠军宝座。

在学生电脑和无绳电话市场都赢得成功后，段永平决定进入VCD市场。他说到做到，到1998年底，步步高VCD已经位列行业前三名了。

1999年，他入选《亚洲周刊》评出的亚洲20位商业与金融界“千禧年”行业领袖名单，他也成为国内家电业的风云人物！

至此，因为精准执行，他名利双收。

如今的步步高已经和海尔、阿里巴巴一样，成为中国最具价值的品牌之一。

在取得步步高的辉煌成就之后，他在2001年移居美国。但是，他并没有让自己退休，而是学习自己的偶像巴菲特做起了投资。在股票市场上，段永平也像巴菲特一样获利颇丰：在2001年底，他动用200万美元以1美元左右的价格大量买进网易股票，在一年多时间里，网易的股票就涨了50倍以上。2003年，段永平在美国拖车租赁公司UHAL破产保护时，以3.5美元左右的价格大量买进其股票。2004年年初，UHAL解除破产保护，股价一路上扬，在2006年一度冲升过百元关口。据段永平自己透露，他从中赚了至少七八千万美元。除了购进网易和UHAL的股票外，段永平还购买了九城数码的股票，其价格在两年内增长了近10倍！因为投资眼光奇准，段永平被他的朋友称为“段菲特”，说他是中国的股神。

在2003年福布斯富豪榜上，他凭借10亿元资产位列中国大陆富豪榜第71位！

虽然才40多岁，但段永平的人生已经足够成功。

段永平的成功都来自当初在别人公司里的精准执行。他成立步步高的资本和运营步步高成功的经验都来自当初在小霸王的精准执行，可以说，正是当初在别人公司里的精准执行，才成就了后来的步步高和他的亿万资产！

看了段永平的人生故事，你还在为公司不是自己的而给自己的偷懒找借口吗？

段永平的成功故事启示着每一个身在职场中的员工：对公司负责就是对自己负责！只要对自己负责，做到精准执行，你就能赢在职场，赢得成功。

对公司忠诚，是人生最大的保险

忠诚最大的受益人是员工自己，对公司忠诚，是人生最大的保险。忠诚等于财富，忠诚等于成功！

如果说公司是一艘轮船，那么老板就是船长，员工就是船员。要想让公司这艘大船行驶得又稳又快，员工和老板必须齐心协力，只有大家都把心思花到一处，力量用到一处，就能达到最大的合力，使公司这艘大船又稳又快，这样船上的员工自然也能又稳又快。

要达到最大的合力，除了心思和力量要使到一处外，更重要的是：每个人都对公司忠诚！拿破仑说："没有忠诚的士兵，没有资格当士兵。"其实，没有忠诚的员工，也没有资格当员工。

有这样的一个故事：有一个丰田公司的老员工，他的女儿交了一个男朋友，感情很好，已经到了谈婚论嫁的地步，于是，他准备约见女儿的男友。在第一次见面时，他只提了一个要求："以后不管是你们自己买车还是你的家人买车，都必须买丰田汽车，这是我唯一的要求！"

什么叫作对公司忠诚？这就是对公司的忠诚！

要想在职场获得成功，在公司青云直上，对公司忠诚是第一条件。

公司允许员工犯错，而且普通的错误允许重犯很多次，但有一个原则永远不可以违反，那就是忠诚。忠诚是职场最大的禁区，不容置疑，不能挑战，没有一个老板会喜欢一个在背后捅自己一刀的员工。

员工要想在职场获得大的成就，就必须懂得忠诚。没有忠诚，即使你做到精准执行，最终，所有努力还是有可能会归零！比如，你在一个公司里面努力奋斗了20年，从一个普通员工当上了经理，却因为触碰了忠诚的禁区，被老板扫地出门，这就意味着，20年的努力工作等于零收获！

你想让自己做一个一事无成的人吗？你想让自己在职场的一切努力和付出都灰飞烟灭吗？如果不想，就请选择忠诚，绝对地忠诚。

在职场中，好用的员工正当红，满脑子创意的员工是天之骄子，但只有忠诚的员工才是公司的脊梁，是公司的绝对核心。所以，选择忠诚并做到精准执行，你才是不可替代的，你才能让自己在职场当红，成为公司的骄子，并成为公司的绝对骨干。

更有人说，选择了忠诚，就等于给自己的人生和事业买了一份终身保险。

忠诚造就职场巨人

职场巨人一：忠诚的杰克·韦尔奇

杰克·韦尔奇于1960年进入美国通用电气公司，2001年退休，在美国通用电气公司他整整工作了41年！

他把自己的一切都奉献给了通用电气公司，他向通用电器公司证明了自己的绝对忠诚！

他选择了对美国通用电气公司忠诚，所以他的人生和事业都非常保险。他在公司里，从一个普通员工成长为董事长兼CEO，并赢得了“全球第一CEO”“最受尊敬的CEO”“美国当代最成功最伟大的企业家”等一系列殊荣。

他用对通用电气公司的忠诚和精准执行让自己名满天下，备受尊崇！

职场巨人二：忠诚的御手洗富士夫

御手洗富士夫对佳能绝对忠诚，他选择忠诚并能精准执行，在佳能期间，他把佳能公司打造成了全球最大的数码相机、办公用打印机和复印机的制造商，位居世界五百强。

在佳能这艘大船上，随着佳能的不断飞跃，御手洗富士夫也水涨船高，从一个普通员工不断升级，历任美国佳能副总裁、美国佳能总裁、佳能集团副总裁、佳能集团总裁、佳能集团总裁兼CEO，同时他还担任着日本经济团体联合会的会长！

御手洗富士夫用对佳能公司的忠诚和精准执行换来了巨大的职场成就和诸多的人生荣誉！

职场巨人三：忠诚的张富士夫

张富士夫选择了对丰田汽车公司忠诚，如今的他已经成就了传奇一般的职业生涯！

张富士夫在丰田期间，丰田汽车一路狂飙，逐渐成长为世界汽车行业巨头。其间，他历任丰田汽车美国公司执行副社长、丰田汽车美国公司社长、丰田公司副总裁、丰田董事长，从丰田汽车公司的一个内刊编辑一步步成为丰田汽车的领头人物。

2003年初，张富士夫被美国《商业周刊》选为“全球25位最佳经理人”。2004年，他更是入选美国《时代》杂志评选的时代百大最具影响力人物！

职场巨人四：忠诚的史蒂夫·鲍尔默

史蒂夫·鲍尔默于1980年加入微软，他对微软绝对忠诚。

他在微软工作期间，为微软他出了所有：他能说出公司高级管理人员的名字和职务，熟知公司几千经理的表现，并根据他们的表现授奖；他是个典型的工作狂，为微软从不吝惜自己的精力；他是管理天才，一手把微软从由16个员工组成的小公司壮大到拥有6万名员工的行业巨无霸。

如今的微软已经是全球最大的电脑软件提供商。

他对微软的忠诚和精准执行的回报也颇为丰厚。他从一个收入微薄的中产阶级一跃成为富有的人，这样的回报只能用忠诚和精准执行才换得到！

看看这些事业财富双丰收的职场巨人吧，他们刚进职场的时候，也像你一样，只是一个普通员工，为什么如今他们能够取得如此巨大的成就，而你却还在为一点点薪水或者其他问题而跳来跳去没有一点儿成就呢？

因为你不能对自己的公司忠诚！而上述故事中的职场巨人却做到了这一点，他们同时还能做到精准执行，正因为这两点，他们成为了职场巨人，成为了人生的大赢家！

选择忠诚，最大的受益者是员工自己

在如今的职场，有不少员工把金钱看得高于一切，常常为了一点点工资就出卖了自己对于公司的忠诚，这样的员工也许没有想过这样的问题：在职场你的原则是什么？是否工资高了你就忠诚，薪水低了你就跳槽？

用金钱去衡量一个职位的好与不好也无可厚非，只是这样的想法未免有些目光短浅。试想，眼前的一点儿小利益就能左右你一生的成败吗？当然不能！事实上，如果你想拥有更多的财富，用忠诚和精准执行去换取会来得更加可靠。作为员工，千万不要目光短浅，为了一点儿小小的工资就放弃了自己的忠诚，放弃了自己的职场前途和辉煌人生。

无数职场中的事实证明，选择忠诚，最大的受益者是你自己！

施正荣最初在无锡尚德太阳能电力有限公司工作时，公司连工资都发不出来。他工作了三年后，才拿到了1/4的工资，但是，他选择了忠诚，在别人都跳槽的情况下，他却坚持了下来。如今他已经是这家公司的董事长兼CEO了，在2006年《福布斯》全球富豪榜上，他以22亿美元排名第350位，远超《福布斯》2005年中国首富荣智健的16.4亿美元与胡润百富榜首富黄光裕的140亿元人民币，成为当时中国内地新首富。

如果当时施正荣为了一点儿工资就辞职离开，他能有现在的亿万身家吗?

1997年，史玉柱负债2亿元人民币，巨人集团很多员工都辞职了。但是，有一批员工却留了下来，他们选择了忠诚。在这些人里，就有被外界称为史玉柱的“四个火枪手”的陈国、费拥军、刘伟和程晨，除了“四个火枪手”，还有汤敏、陆永华和张旅等人。

当时的史玉柱身无分文，这些员工跟着史玉柱，好几年都领不上一分钱工资，甚至因为没钱缴手机话费而人手一个BP机。但他们都选择了忠诚，不离不弃，坚守在史玉柱和巨人身边。

2007年，巨人上市，史玉柱身价暴涨，一夜之间坐拥百亿资产，而当年那些选择忠诚的员工也收到了巨大的回报。

按照当时的股价计算，巨人集团18位高管持有的巨人网络5459万股市值高达9.5亿美元，其中总裁刘伟持有的325万股市值达到5687.5万美元，首席运营官张路持有的250万股市值达到了4375万美元。

当初选择了忠诚，跟着史玉柱的员工，除了陈国因为车祸在2004年离世，其他人都因为巨人上市在一夜之间成为了亿万富翁!

对公司忠诚，是人生最大的保险，忠诚等于财富，忠诚等于成功。

网易公司创办初期，也因为发不出工资，所以用股权代替工资，很多员工都离开了，坚守下来的员工得到了回报，网易上市之后，网易的股价在一年之内飙升了50多倍，选择忠诚的人都获得了丰厚的回报!

马云在创办阿里巴巴初期，18个员工都很辛苦，每个人却只拿几百块钱的工资，后来阿里巴巴上市，这些员工都成为了公司高管，成了千万富翁。

薪水不是一切，如果为了一点点薪水而放弃了忠诚，这是很愚蠢的行为。对公司忠诚，其实是给你的人生和事业购买保险，选择忠诚，精准执行，你一定能获得巨大的回报。

一心一意，热爱工作

要成功就要为自己工作，为自己工作，就要自动自发，在工作上一心一意，心无旁骛，做到精准执行，要自动自发，首先就要热爱自己的工作。

“既来之，则安之。”作为员工，就要一心一意。那些吃着碗里的看着锅里的人，永远也得不到最好的；那些三天打鱼两天晒网的人，永远也成就不了自己的事业和人生!

要成功就要为自己工作，为自己工作，就要自动自发，在工作上一心一意，心无旁骛，做到精准执行，要自动自发，首先就要热爱自己的工作。

有的人对于工作总是表现出一副三心二意的态度，对于丢掉工作总是不以为意，他们认为：“丢了这份工作，我还可以找其他工作啊。”他们可能没有想过，对手头上的工作如果不愿意认真对待，那么换一份工作也未必会好好地做。

有一个农夫过得很辛苦，因为农活太多了，所以，农夫决定买一头驴子回来帮自己忙，于是，农夫去到市场上买了一头驴子回来。

驴子每天都为农夫拉磨，起早贪黑，很辛苦，逐渐地驴子累得受不了了，便觉得农夫给自己的工作并不适合自己，所以它想换工作。

第二天，驴子跑去求助天神，驴子说：“伟大的天神，让我离开农夫吧，农夫太苛刻了，而且活儿也太重，我需要一个新主人。”

天神答应了驴子的请求，于是，驴子的主人变成了陶工。

陶工安排驴子从野外搬运沉重的黏土到作坊，等陶器制造完成后，再把陶器搬运到集市上，在回来的路上，驴子还要驮着陶工。

陶工是个贪财的人，他的作坊每天都在运转，驴子经常要工作到深夜。驴子对此深为不满，但很多人类都工作超过八小时，何况驴子是比人低一等的动物，谁又在乎呢？驴子累得不行，而且陶工脾气火暴，一有不满意就殴打驴子。

驴子忍受不住了，简直快要崩溃了，于是，驴子第二次来到天神面前，请求更换主人，为了避免重蹈覆辙，驴子特别强调，要换一个尊重自己而且很轻松的主人，天神思虑再三，让驴子的主人换成了皮匠。

皮匠做的全是手艺活，因此很轻松，而且皮匠很器重驴子，但驴子一点儿也开心不起来，因为皮匠看上了驴子的皮。

终于有一天，皮匠把驴子关起来，磨刀霍霍，准备剥掉驴子的皮。驴子这才后悔起来：“早知道这样子，当初就在农夫那里好好干了，既不用担心挨打，又不用担心被剥皮。”可是，一切都已经晚了。

要想赢在职场，就要一心一意，精准执行，做好当下的工作。上面的驴子借口太多，而且三心二意，三个工作从来都没有全心全意，所以驴子在职场中一直走下坡路。

事实上，很多人也一样，总是会对自己的工作有这样那样的不满，习惯于找出一大堆借口去逃避工作，例如：对工作没有兴趣、老板不讲理、专业不对口、吃力不讨好、没前途……

借口太多，是因为你还没有养成对工作一心一意、精准执行的习惯。功夫不负有心人，只有全心全意，才能精准执行，从而使自己的工作圆满完成，成果斐然！当你能把工作做得很出色时，老板和领导肯定会对你刮目相看，进而青睐于你，这样，你根本不需要重新去找工作。

一心一意，铺就成功的金光大道

有这样一个人，他在出生时被大夫不小心用产钳夹坏了大脑，导致部分神经系统功能瘫痪，于是说话和行走都受到了影响，成为了残疾人。他到了法定工作年龄后，当地福利机关认定他是“不适合于被雇用的人”，很多职场专家都很不看好他工作的前景，认为他永远都不能工作，更别提取得什么成就了。

但就是这样一个不适合于被雇用的人，甚至是不能工作的人，在职场创造出了非凡的成就。他的名字叫比尔·波特，他选择的工作是推销员—— 一个极其需要说话技巧和行动的工作！对他来说，要做好推销员是一件很有挑战性的工作，因为他的说话能力和行走能力都远远不如常人，所以，对他来说，只要做得不比一般人差很多就算是很有成就了。

他陆续找了好几家公司，都遭到了拒绝，最后，在不懈努力之下，他终于在怀特金斯公司找到了工作，不过有一个苛刻的条件，那就是他必须要到没人愿意去的波特兰和奥根地区去展开推销业务。

对他来说，能找到工作，已经创造了奇迹，虽然条件很苛刻。

因为说话能力受限，他的推销工作受到了很大的影响。第一次上门推销时，他犹豫了四次才鼓足勇气按了门铃，客户开门出来了，他却什么都说不清楚，客户当然不会买他的产品。

他第二次推销，没有收获；第三次推销，还是没有收获……

他尝试了很多次，甚至有人嘲笑他，但他没有放弃，依然全心全意地去推销自己的产品，终于有一天，有一位客户买了他的产品，使他做到了零的突破。

因为行动能力受限制，所以在正常的工作时间里，他每天拜访的客户极为有限。为了争取到更多的客户，他把闹钟定在了早上4点45分，他花费的时间比一般推销员要多好几个小时，如果算上在路上花费的时间，他每天要工作14个小时之多！

每天早上，他都会在一个擦鞋摊前停下来，让别人帮他系一系鞋带，因为他的右手不能用，左手很不受控制。每天他都会沿着同样的路线，背着沉重的样品包，徒步16公里，走街串巷，风雨无阻。在三个月的时间里，他几乎敲遍了波特兰和奥根地区所有居民的大门，他每推销出去一个产品，客户都会帮助他填写产品定单，因为他的手几乎拿不住笔。

虽然充满了艰辛，但他却一心一意地把所有心思都用在了工作上。他爱自己的工作，他爱公司和顾客。他经常会受到很多疾病的折磨，可是为了工作，他都可以忍受，他只有一只手管用，没关系，为了做好工作，他都可以克服。

很多人被他对工作的爱感动了，越来越多的人为他敞开了大门，更多的人购买了他推销的产品，他上百万次地敲开了一扇又一扇的大门，所以他最终成了怀特金斯公司最好的推销员。

由于他取得了非凡的成绩，怀特金斯公司为了表彰他的勇气和出色的成绩，不但把他作为了公司的形象代言人，公司的主席还给他颁发了杰出贡献奖。

在颁奖仪式上，公司的全体员工都站起来为他欢呼鼓掌，欢呼和泪水持续了5分钟之久。怀特金斯公司的总经理告诉雇员们："比尔告诉我们，一个有目标的人，只要全身心地投入到追求目标的努力中，那么生活中就没有事情是不可能做到的。"

在1998年的一次事故中，因为髋关节受伤，所以他不能再去上门推销产品了，但是他并没有退休，他继续在互联网上销售公司的产品，同时他还担任公司的顾问，并且经常作为演讲家发表演讲。

2002年，美国一家电视台以他为原型拍摄了电视电影；在2009年，他的事迹又被日本一家电视台拍成了电视电影；他的事迹在美国被广为传颂。没有不可能，只要你能一心一意。比尔·波特能成为一个伟大的推销员，完全是因为他能一心一意，专注地投入到自己的工作上!

只要一心一意，就没有你做不好的工作；只要一心一意，就不可能做不到精准执行。

所以，一心一意，做好手头工作，你就是最棒的！通过一心一意地精准执行，不能工作的比尔·波特成了伟大的推销员。如果你也能一心一意，做到精准执行，你也能取得巨大的成功，成为公司的招牌！

激情在心，执行在手

激情能提供给我们源源不断的动力，激情能让我们不断努力，不断奋进，让我们精准执行，最终赢得伟大的成功。

“没有激情，就没有成就任何事业的可能。”这是爱默生说的一句名言。是的，要成就事业，就必须有激情！

激情是一种原始渴望，是一种渴望创造成功和做出成就从而产生出来的巨大能量。激情在心，再努力你都不会累；执行在手，你就有赢得一切的可能；激情加执行，你就可能成就任何伟大的事业。

英孚教育的总裁路易斯·朱利安是一位很有激情的女性，她的第一份工作是为可口可乐的新产品健怡可乐打开欧洲市场。

因为欧洲人一向都很保守，所以要想让喝惯了传统可乐的他们接受健怡可乐显然是一件很困难的事情。路易斯·朱利安当然知道这是一件很难完成的任务，但是，对于富有激情的人来说，有挑战才符合自己的胃口。所以，富有激情、喜欢挑战自我的路易斯·朱利安毫不犹豫地接下了这项艰巨的任务，开始迅速执行。

每天，路易斯·朱利安都要工作十几个小时，不过对于她来说，工作就是一种享受，既不苦也不累，如果没能完成任务就闲下来，反而会让她就像犯了大错一样难受。

她就这样一天又一天地精准地执行着计划，追求着完美地完成工作目标，终于有一天，当她放下手头的工作走到欧洲的大街上时，她惊喜地发现，满大街的人都在喝着健怡可乐，喝健怡可乐已经成为了一种时尚和潮流！

看到这些，她从心底里充满了快乐，因为她圆满地完成了任务——她用自己的满腔激情和精准执行，为健怡可乐打开了欧洲市场！

后来，路易斯·朱利安加入了英孚教育公司。激情在心、执行在手的她，在那里一干就是18年，在2002年，当英孚教育的创始人贝蒂尔·胡尔特卸任之后，路易斯·朱利安当上了英孚教育公司的CEO。

激情在心，造就非凡的成功

激情能造就非凡的成功，而且很多功成名就并拥有巨额财富的成功人士仍然满怀激情。

山姆·沃尔顿是沃尔玛公司的创办人，他工作极其有激情。

在60多岁的时候，他依然每天早上4点30分就起床开始工作，一直忙碌到深夜，偶尔心血来潮了，他还会在凌晨4点访问一些配送中心，并与员工一起吃早点喝咖啡。

精力充沛的山姆·沃尔顿每周至少有4到6天会花在视察分店上，他经常会自己开着飞机，从一家分店飞到另一家分店。

为了准备周末上午的经理会议，他通常在晚上3点就会到办公室开始工作。

在70年代的时候，他一年对每家分店至少访问两次，他甚至对分店里的每位经理和员工都很熟悉。

快80岁的时候，他依然激情不减当年，像个年轻人一样来回奔走，不知疲惫，有一次他在南美洲进行市场考察时，竟然像个小孩子一样在货架上不停地上下攀爬，然后被抓到了警察局里。

山姆·沃尔顿这样一位有着上百亿美元资产的超级富豪，在年老时还能如此富有激情地努力工作，这值得每一位职场人士思考。

史蒂夫·鲍尔默也是一个富含激情的人。

有人把他形容为一个喊破嗓子的啦啦队长，事实也如此。每当史蒂夫·鲍尔默全心投入工作时，他总会高声地叫喊，而且还手舞足蹈、声情并茂。每一次给微软员工讲话时，他都会激动不已，就像战前动员一样，每一个听他讲话的人热血上涌激情百倍。

他最出名的动作就是高声呼喊："Windows！Windows！！Windows！！！"

在1991年的一次公司会议上，他竟然因为激情太过足，而把自己的嗓子给喊坏了，为此他还进了医院做了手术！

他就是这样一个富有激情的人，正是他把狂热的工作激情带给了微软。

和史蒂夫·鲍尔默比起来，微软创始人比尔·盖茨在工作激情上一点儿也不差。比尔·盖茨一天要工作十六七个小时，只要一说起工作他就激情澎湃兴奋异常，可是如果你跟他谈工作以外的事情，他立马会变得兴味索然。

近朱者赤，两位最高领导人都如此富有激情，微软的员工自然不会例外。唐骏曾在微软工作过，作为微软的一分子，他对微软人的工作激情很有发言权，他在个人日记里曾这样写道：

"在美国在线部门，我们每天都会把完成的case量公布出来，让每个人都可以查到自己在公司的排名。这些年轻人都很上进，大家都在不断努力争取做得更好，所以只要case一释放出来，大家都会去抢case做，也就是说只要有工作，大家都是抢着去做……看到这样的工作氛围，真的很满足、很骄傲。

员工们为了获得更好的排名，努力地工作，每天都要干到晚上12点以后。像Andy都把公司当家了，来了公司就再也不回家了，吃住都在公司，过两天她妈妈就会送换洗衣服过来（公司有淋浴设施）。在公司过夜的员工不计其数……Eilean是几乎每天半夜3点才回家，而Judy每天工作到2点，一直排名在Windows第一，Andy排名在office第一。大家都在比赛，这种景象很感人，这种氛围很舒适。"

这是《唐骏日记》中收录的唐骏日记原文，真实性极高。

看看微软人的工作激情吧，不管是公司的创始人比尔·盖茨，还是史蒂夫·鲍尔默，或者是微软的普通员工，一个个工作起来都像不知疲倦的机器人一样，在工作中，永远精力充沛，永远活力十足。

因为富有工作激情，所以微软人才能精准执行，所以比尔·盖茨是世界首富，所以微软员工很多都是百万富翁，所以微软是行业第一。

福特汽车公司的创始人亨利·福特同样是一个充满激情的人，他曾为了一个人才而收购了一家工厂。

事情是这样的。在1923年，福特公司的一台电机坏了，公司里的技术人员都找不到问题所在，所以束手无策，就在这个时候，有人推荐了恩坦因曼思。

恩坦因曼思来到福特公司后，要了一张席子坐在电机旁边，专心地听了三天，然后要了梯子在电机上爬上爬下看了看，看完之后便在电机的一个部位上用粉笔写了一行字：这儿的线圈多绕了16圈。

于是，福特的技术人员拆开电机，拆掉了多余的线圈，结果，电机马上可以正常工作。

亨利·福特知道了这件事之后，觉得恩坦因曼思是一个人才，于是给了恩坦因曼思一万美元的酬劳，并亲自邀请恩坦因曼思加入福特公司。

恩坦因曼思拒绝了亨利·福特，他说："我不能离开我的工厂，因为工厂老板在我最困难的时候帮助了我，他对我有恩。"

没过多久，为了得到恩坦因曼思，亨利·福特收购了恩坦因曼思工作的工厂。

激情令一切不可能变成可能

激情能提供给我们源源不断的动力，激情能让我们不断努力，不断奋进，让我们精准执行，最终赢得伟大的成功。

日本推销之神原一平是一个富有激情的推销员，原一平家境富裕，但是他却并不满足，一直想离开家乡到外面闯天下。

1930年，他拿着简历去明治保险公司的招聘现场应聘，当时担任主考官的是一位留过洋的专家，当他看到身高只有145厘米的原一平时，便不屑地对原一平说：“你不能胜任！”

原一平很不服，后来他进了明治保险公司，他想要证明自己。刚开始时，他并不是公司的正式员工，只是一名“见习推销员”，没有一分钱的工资，当时，他连坐公交车的钱都没有，为了省钱他不吃中午饭，晚上也没有地方住，只能住在公园里。

即使是这样，他还是很乐观且富有激情，他经常对着镜子大声喊：“全世界独一无二的原一平，有超人的毅力和旺盛的斗志，所有落魄都是暂时的，我一定要成功！我一定会成功！”

然后，他便精神抖擞、满脸微笑地去推销保险。在推销保险过程中，有一个酒店老板被他的激情感染了，要请他吃饭，虽然当时他已经饿得肚子咕咕叫，但他还是礼貌地拒绝了，于是，这个酒店老板便幽默地对他说：“既然你不赏脸和我吃饭，那我就买你的保险吧。”

原一平就是这样签下了自己的第一张保险单的。

过了没多久，通过自己的激情工作，他的推销成绩就名列了公司第一。每天，他都满怀激情地执行自己的目标和计划，为了做好推销工作，他甚至把自己公司的董事长给骂了一顿。

原来，他想让公司董事长帮助自己介绍三菱集团的保险业务，但是公司有一项规定，就是从三菱到明治工作的高管不能为明治保险做推销，而明治的董事长串田万藏还在三菱担任着重要职位。

但是事在人为，对于满怀激情的原一平来说，没有什么不可能！他找到了董事长串田万藏，请串田万藏为自己推销保险，串田万藏一听之下大为生气，对原一平说：“我一个堂堂的董事长是不会介绍保险这玩意的。”原来串田万藏很瞧不起推销保险的工作。

一听之下，原一平火冒三丈，保险公司的董事长居然瞧不起卖保险的，他立即爆发了，大声地喊了起来："你说什么？推销保险这玩意儿？公司不是一向教育我们说'保险是正当事'吗？你还是公司的董事长吗？我这就回公司去，向全体同事传播你说的话。"原一平说完就忿忿地离开了。

不过，他的激情发泄非但没有惹恼董事长，还赢得了尊重，就这样，原一平通过自己卓越的激情把不可能变成了可能：几乎所有的三菱企业都买明治的保险！

原一平用激情赢得了成功，他到43岁时已经连续15年都是日本推销冠军，连续17年保险推销额都超过了百万美元。

1962年，他被日本政府特别授予"四等旭日小绶勋章"，这样的荣誉就连当时的日本总理大臣福田赳夫都没有得到过！

1964年，美国国际协会为表彰他在推销业做出的成就，给他颁发了全球推销员的最高荣誉——学院奖！

原一平的成功启示我们，激情是人生成功的导航仪，激情能让一切不可能变成可能。

有一位哲学家说得好："没有激情，人就只是一股潜伏的动力，在等待时机，就如同燧石对铁的撞击，只产生出火星的光亮。"

司汤达说："怀有激情，就会永不厌烦；没有激情，就会乏闷不已。"

英国首相本杰明·迪斯雷利说："人只有在激情的推动下工作时才真正体现出其伟大。"

所有成功人士都必定是对工作充满了激情的人，如果你希望自己在工作中取得大的成就，就一定要自己心怀激情，精准地执行计划，从而赢得你想要的成功！

为自己工作，你就是企业的主人

为自己工作的主人翁意识能让你成为企业里真正的主人！要想成功，就要把工作当成事业，就要为自己工作，这样才能做到精准执行。当你能够精准地执行时，你就能赢在职场，创造奇迹，创造卓越的人生！

这是一个经典的故事：有一个技术娴熟的老木匠，觉得自己年事已高，不适合再继续工作了，便告诉老板："我老了，想退休然后好好享受一下天伦之乐，安度晚年了。"

老板对他很器重，很不希望公司失去这样一位技术高超的老师傅，所以他要求老木匠在退休之前再帮助公司盖一座房子。

老木匠答应了，但他这次却并没有像以前那样全心全意去建这座房子，因为他想："反正是最后一个工作任务了，做不做得好又有什么关系呢？"

老木匠在建房子时很心不在焉，一心只想着早早完成，所以他用的都是很劣质的材料，当然他也没有把自己娴熟高超的技术用在里面，造房子的工艺实在是很粗糙，不过在最后他还坚持做了一些表面工作，所以在外人看起来房子建得还是很漂亮的。

房子建成后，老板过来巡视，对老木匠的工作相当满意："不愧是我们公司的中流砥柱啊，建的房子就是不同凡响！"然后他把房子的钥匙递给了老木匠："为了感谢你多年来对公司的贡献，我决定把房子送给你，作为你的退休礼物！"

老木匠尴尬地接过了钥匙，懊悔不已：如果早知道是在为自己建房子的话……

其实，工作就是这样，一个被隐藏的巨大事实是，你的每一项工作都是在为自己“建房子”，只是你也许没有意识到罢了。

为自己工作，做工作的主人

安德鲁·卡内基说过：“无论在什么地方，都不应该把自己只看成是公司的一名员工，而应该把自己视为公司的主人！”

英雄所见略同，英特尔总裁安迪·葛洛夫也说过几乎同样的话：“不管你在哪里工作，都别把自己当成员工——应该把公司看做是自己开的一样。”

其实，安德鲁·卡内基和安迪·葛洛夫的话都揭示了在职场成功的一个原则：具有主人翁意识，为自己工作。

为自己工作，你就不会敷衍应付，因为最后收获的都是自己的。

为自己工作，你就不会找借口，因为成功没有借口。

为自己工作，你会更加努力，而且你不会感觉到苦与累。

为自己工作，你会更有责任心，因为为自己工作的人永远是最敬业的。

为自己工作，你就能精准执行！因为为自己工作你会力求完美。

为自己工作，你就能拿到成功的钥匙，因为成功的钥匙都是自己争取来的。

为自己工作，你就是在为自己的公司工作，你就会成为公司的老板，你工作的公司会变成你的公司！

唐骏为自己工作，所以他精准执行，当了微软中国的总裁，后来又当了盛大网络的总裁，在2008年，他又成了福建新华都实业集团的总裁。

杨元庆为自己工作，所以他精准执行，当上了联想集团的CEO，把自己工作的联想变成了自己的联想！

杰克·韦尔奇为自己工作，所以他精准执行，当了通用电气的董事长兼CEO，掌管通用20年！

在职场工作，虽然公司不是自己的，可工作是你的，做出成绩你会升值，敷衍应付你会失业，一切都由你自己决定。

为自己工作，你必能成功；对工作应付了事，你只能失败！

在美国的一个山村里，有一个马夫叫作查理·斯瓦布，他选择为自己工作，而且他有着超出常人的工作激情，他经常告诉自己："查理·斯瓦布，你要为自己工作，不能一辈子只做一个马夫。"

为了让自己接近成功，他不知疲惫地四处奔波，后来，他在卡内基钢铁公司找到了一份工作，当普通工人，日薪只有一美元。

这时，他告诉自己："一切都是暂时的，因为你是在为自己工作！"当别人都在抱怨工资低的时候，他则躲在墙角边上学习建筑知识。

在工作时，他非常努力投入，从不怜惜自己的体力；在工作时，他总是精神振奋，全心全意，他对工作任务总是执行得非常精准和完美，所以很快就被提拔为了技师，这时候，有些没有理想只知道应付工作的人便讽刺他，对此，他是这样回应的："你是在为别人工作，而我是在为自己工作，我不单单是为了赚钱，我更是在为我的理想和前途工作。"

工作的激情让他对自己严格要求，每件事都力求执行精准做到最好，在不懈的追求中，他当上了总工程师，有着超乎常人的上进心的他是这样评价自己的努力的："我要拼命工作，我要做得比我领的薪水更多，我要把成绩做出来让老板看到，老板一定会主动提拔我的。"

入职5年后，他便成为了卡内基钢铁公司旗下一家建筑公司的总经理！

是的，查理·斯瓦布一直都在为自己工作，他的工作激情超乎常人，每天很早他就会到建筑工地准备工作。当时卡内基钢铁公司的合伙人琼斯正在筹建公司最大的布拉德钢铁厂，这时，他发现了查理·斯瓦布，等布拉德钢铁厂建成以后，查理·斯瓦布就成了琼斯的副手。后来琼斯死于事故，所以查理·斯瓦布成了全公司最大的布拉德钢铁厂的厂长！

因为查理·斯瓦布总是认为自己是在为自己工作，所以任何事情做不到最好，他永远都不会满足，在他的管理下，布拉德钢铁厂成为了卡内基钢铁公司的灵魂！“钢铁大王”安德鲁·卡内基对查理·斯瓦布的工作相当满意，于是，在1897年，查理·斯瓦布便被卡内基任命为了卡内基钢铁公司的董事长。

4年之后，也就是1901年，当时的大财阀摩根提议要和卡内基联合做钢材生意，卡内基不想让摩根家族跟自己的竞争对手合作，所以就接了下来，在对一切都做好布置之后，卡内基让查理·斯瓦布按照自己的指示去负责谈判。

查理·斯瓦布对当时的市场有着深入透彻的看法，他看出卡内基高估了大财阀摩根家族，所以他压低价码，在和摩根的谈判中，不仅为卡内基省下了大笔资金，还为卡内基在双方的联合中争取到了绝对优势。

在谈判完成后，查理·斯瓦布成为了美国钢铁公司的第一任总裁。

只要为自己工作，你就是老板

1903年，查理·斯瓦布离开了美国钢铁公司，创建了伯利恒钢铁公司。在他的精心管理之下，伯利恒钢铁公司成长为世界上最大的独立钢铁制造商，同时，伯利恒钢铁公司也成为美国第三大钢铁公司。

就这样，为自己工作的查理·斯瓦布，逐渐从一个马夫成长为了卡内基钢铁公司的最高领导者，后来又建立了自己的钢铁公司，成为了真正的老板。

可见，为自己工作的主人翁意识能让你成为企业里真正的主人！

让我们再来看看这位大人物的故事：在美国标准石油公司，曾经有一个小职员叫作阿基勃特，虽然只是标准石油庞大帝国的一个不起眼的小员工，他却把标准石油当成是自己的公司。

阿基勃特无时无刻不在宣传公司，他在出差住旅馆的时候，会在登记簿自己签名的后面写上“每桶四美元的标准石油”。

他甚至在自己的私人书信上也会写上“每桶四美元的标准石油”，收据上也是如此，他把自己的名字和公司紧紧联系在了一起。

于是，他被同事取了一个外号，叫作“每桶四美元”。

后来，标准石油的董事长洛克菲勒知道了“每桶四美元”的故事，不禁大为感动。

随后洛克菲勒邀请阿基勃特与他一起吃晚餐，交谈之下，洛克菲勒对阿基勃特十分欣赏。

1897年退休的时候，洛克菲勒把阿基勃特选为自己的接班人，于是，阿基勃特成了标准石油公司的第二任董事长!

为什么阿基勃特能取得如此成功？因为他一直认为自己是在为自己工作，他由始至终都把标准石油公司看做是自己的公司!

身在职场，如果你能像阿基勃特一样为自己工作，精准执行，你也能取得像阿基勃特一样的成就。要想成功，就要把工作当成事业，就要为自己工作，这样才能做到精准执行，当你能够精准地执行时，你就能创造奇迹!

洛克菲勒在回忆自己的创业经历时说：“年轻时我为老板打工，一般人每天工作八九个小时，而我每天会工作16个小时，这除了对公司有好处外，我个人的收益更大，这样我就可以比别人多赢一些，美国经济竞争如此激烈，多付出一点儿就显得更重要了，只要肯努力一点儿，就可以多赢一点儿。”

为自己工作，你就能成就伟大的事业。把自己当成是公司的主人，对所有工作都能精准执行，你就必定能赢在职场，创造卓越的人生!